Salon de 1844.

Ce Salon de 1844 a été publié en grande partie dans le *Constitutionnel*, et la lettre à Théodore Rousseau a paru dans l'*Artist* .

POUR PARAÎTRE PROCHAINEMENT,

en un volume même format :

LES PEINTRES FRANÇAIS

DEPUIS LA RÉVOLUTION.

David, Gros, Girodet, Géricault, Prud'hon, Sigalon, Léopold Robert, M. Ingres, M. Eugène Delacroix, etc.

Par T. THORÉ.

Imprimerie de HENNUYER et TURPIN, rue Lemercier, 84. Batignolles.

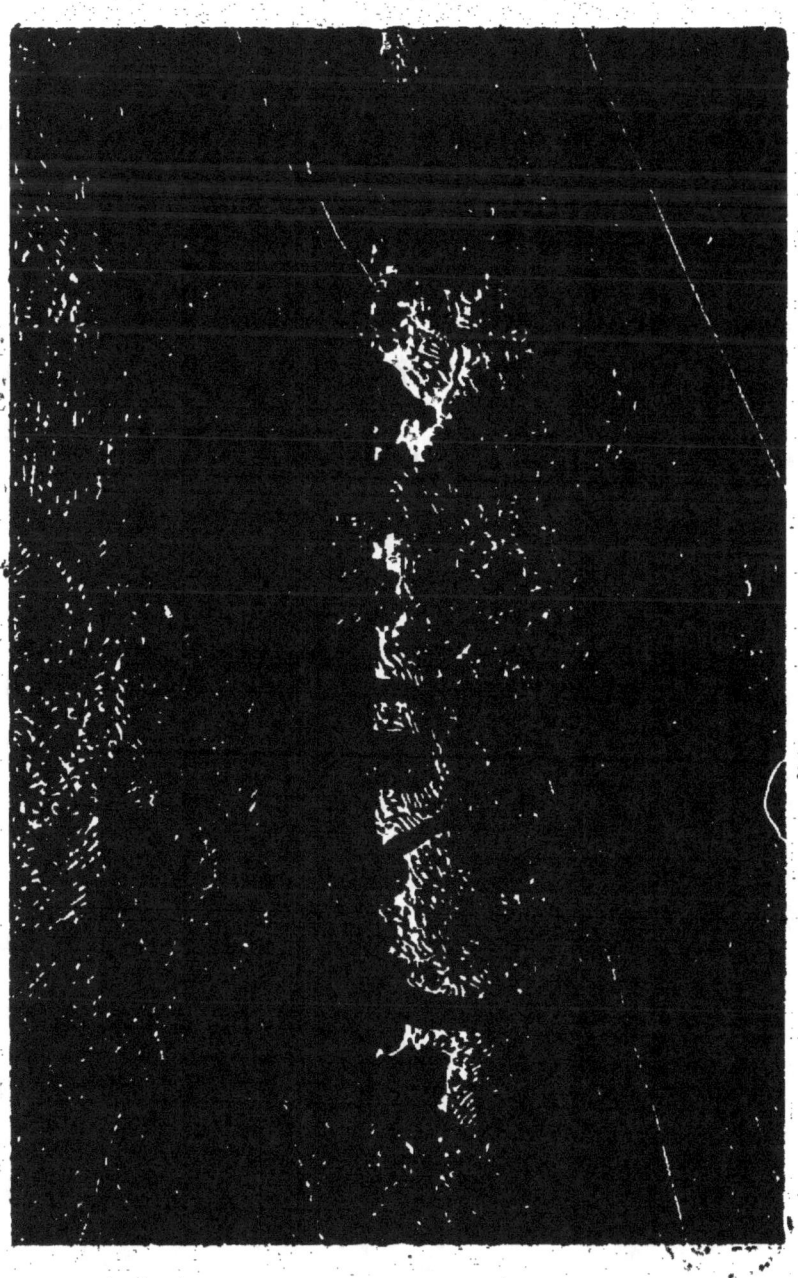

J. J. ROUSSEAU.

LE
SALON DE 1844

PRÉCÉDÉ

D'UNE LETTRE A THÉODORE ROUSSEAU,

PAR

T. THORÉ.

AVEC UNE EAU-FORTE DE M. JEANRON,

d'après

UN PAYSAGE DE M. ROUSSEAU.

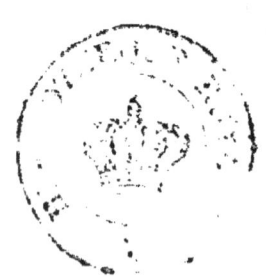

PARIS.

ALLIANCE DES ARTS, RUE MONTMARTRE, 178,
ET CHEZ M. MASGANA, GALERIE DE L'ODÉON.

1844

SOMMAIRE.

—

a.

A Théodore Rousseau.

———◆◆———

Tandis que nous apercevons à peine quelque petit carré de ciel durement découpé comme à l'emporte-pièce par nos fenêtres anguleuses, tu contemples en plein air les grands horizons du Midi. Où êtes-vous maintenant, toi et Dupré? dans les Landes, ou dans les Pyrénées? et que faites-vous, toi et lui? Bien sûr, tu regardes, comme toujours, avec tes grands yeux fixes et voraces qui n'en ont jamais assez et qui s'ouvrent comme des arcs de triomphe. Tout y passe, la grande armée des chênes de Fontainebleau sans se baisser, les montagnes et les torrents. A cette heure, les Pyrénées défilent sans doute sous la voûte de tes sourcils, pour s'arrêter de l'autre côté, en dedans, au milieu de ton imagination. Tu sauras bien, quelque jour, nous les retrouver dans ta provision de souvenirs et tu les verras toi-même plus clairement de loin que de près. M. Lamennais me disait à Sainte-Pélagie : — « C'est singulier... je n'ai jamais bien vu l'Italie que depuis que je suis en prison. Quand je suis allé à Rome chercher un pape éclipsé, j'étais replié dans ma pensée ; mais voici que s'éveillent aujourd'hui les images qui se sont glissées furtivement dans ma tête en traversant les yeux. »

Toi, cher poëte, tu as passé ta vie à

regarder le grand air, la pluie et le beau
temps , et mille choses insaisissables
pour l'œil vulgaire. La nature a pour toi
des beautés mystiques qui nous échap-
pent et des faveurs secrètes que tu ex-
ploites avec amour. Devant la nature,
quand on la sent et quand on l'aime ,
on est bien heureux d'être peintre
comme toi. Autrement le bonheur de
la contemplation est en même temps
une vive souffrance, puisqu'on est im-
puissant à exprimer son enthousiasme.
Nous autres profanes , nous n'avons
qu'un amour stérile et douloureux
comme une passion romanesque, impossible à satisfaire. Ton amour, ô peintre, est bien plus réel. La peinture, c'est
le véritable entretien avec le monde extérieur. c'est une communication positive

et matérielle. C'est une domination que tu exerces sur la nature, et de ce mélange amoureux il résulte un être nouveau, une création qui reproduit les éléments du père et de la mère, de la nature et de l'artiste.

La plupart des hommes ne songent pas à voir. Ils s'occupent d'autres choses qui leur bouchent les yeux : quand il faudrait, par occasion excellente, se servir du regard, ils se mettent à réfléchir bêtement. Aussi que réfléchissent-ils ? N'ayant point d'image à réfléchir, le miroir de leur cerveau demeure comme une mare confuse sous le brouillard. Au lieu de se livrer à une contemplation vivifiante, ils s'égarent sur quelque idée sans rapport avec la situation.

J'étais une fois en voyage avec un bourgeois qui s'était accroché à moi pour me faire voir son pays. Après une course fatigante dans des chemins tortueux, nous découvrons le soir une petite rivière profondément couchée entre deux rocs escarpés. Le soleil descendait devant nous et commençait à embrasser les pics des rochers ; tout un côté des bords du petit torrent était dans l'ombre avec des valeurs de ton extraordinaires qui se répondaient dans l'eau. Ces profils sombres, ces deux images entremêlées par les pieds, l'une frissonnante la tête en bas et noyée dans le gouffre du ruisseau comme la pâle Ophélia de Shakespeare, l'autre morne et immobile comme une immense statue de bronze, c'était une fantasmagorie pareille aux rêves d'Hoffmann. En même temps, le bord opposé recevant les jets du soleil couchant, était clair, rose, étincelant, pailleté de mille pierreries. Quel site et quel contraste! quel admirable effet!

Mon homme cependant se penchait avec curiosité vers la rivière et il s'écria plusieurs fois:—Comme l'eau est claire, comme l'eau est claire! — Moi, sans tourner les yeux, je le poussai brusquement : — Mais regardez donc, lui dis-je, la lumière et le paysage. Le soleil est prompt et l'effet capricieux. Vous aurez le temps, une autre fois, de vous extasier sur la limpidité de l'eau.

Ne t'ai-je point conté aussi ma première visite à la mer? Nous étions partis d'un village qui n'était plus qu'à une lieue de la côte, toute une bande, à pied. Nous avions résolu d'arriver ex-

près par des dunes très-hautes, pour
que je fusse saisi tout à coup par le
grand spectacle de la mer. Je courus en
avant de la troupe et, quand j'arrivai
au sommet des dunes d'où je planais
sur l'immensité, il y avait dans le ciel
et sur la mer un effet d'argent que je
n'ai jamais revu depuis avec tant d'é-
clat. La mer et le ciel me semblèrent
confondus dans un rayonnement sur-
naturel. Je me demandais où était la
mer. Il me paraissait que j'étais trans-
porté bien au-dessus de la mer et de la
terre, dans une sphère plus lumineuse.
Je fus saisi d'un enthousiasme expansif
qui me serra la gorge. Ne pouvant
m'envoler, je me laissai glisser par terre,
tout de mon long, pour ne plus sentir
mon corps. Ne pouvant crier la gloire

de la nature avec la vigueur des tempêtes, je me mis à pleurer doucement, doucement, sans faire de bruit, afin d'entendre la grande voix harmonieuse de l'immensité.

J'étais là, sur le flanc, les yeux baignés dans la lumière, quand notre monde arriva. Le premier de nos compagnons, m'apercevant ainsi affaissé et sans mouvement, vint fort empressé, et il me dit : — Est-ce que vous êtes malade ?

Le sens de l'art, la vision de la beauté, l'amour de la nature, l'enthousiasme de la vie, sont bien rares. Au seizième siècle, c'était un sentiment presque général. Aujourd'hui, la société bourgeoise est tournée vers l'exploitation des choses mortes, sous le nom d'industrie. Mais l'industrie n'est que le revers de la médaille sociale. La signification essentielle et profonde est écrite de l'autre côté. Ainsi, dans les médailles romaines, le revers de la tête vivante est quelque emblème matériel, un fronton d'architecture ou une figure allégorique, un accessoire ou un moyen.

Il est bien vrai que l'industrie est aussi humaine que l'art. Il est bien vrai qu'elle se lie aux arts par des affinités encore mystérieuses; mais jusqu'ici ce sont deux mondes presque séparés. Car notre civilisation a fractionné l'homme en tronçons étrangers l'un à l'autre. La politique s'est toujours attachée à faire des castes, au lieu de se proposer pour idéal l'homme complet dans la société complète, comme dit Pierre Leroux.

Je conviens volontiers que cette race matérielle qui n'a point encore accès dans le monde de l'esprit et qui se tient en dehors de la vie véritable, est fort *utile;* mais, tout en pêchant des goujons dans la rivière, rien n'empêche d'admirer la lumière sur l'eau transparente et sur les rochers de la rive. Il serait possible que sans l'esclavage des classes inférieures, les riches n'eussent pas des habits neufs et une table somptueuse. Mais l'homme se passerait bien, à quelque degré, des recherches exagérées de ce qu'on appelle l'utile. La poésie est aussi utile que le pain et le fer. Pour ma part, j'aimerais mieux vivre dans une belle campagne, moitié penseur, moitié paysan, avec une blouse et des sabots, du pain de ménage, des pommes

de terre de mon jardin et du petit vin
naturel, que de m'agiter dans une vie
factice et turbulente, au milieu du luxe
et des jouissances matérielles. M. Lamennais me disait encore dans les dé-
couragements de sa prison : « J'étais né
pour être jardinier. L'ambition du beau,
du bien, du vrai, vaut mieux que l'ambition de l'argent. La véritable richesse
est dans la modération, dans la frater-
nité humaine, dans un travail bien ordonné, dans les jouissances du cœur et
de l'esprit. » C'est le trésor caché du
beau roman de *Jeanne*, par George Sand.

Je ne vois pas que le problème social
soit si difficile à résoudre, posé dans les
conditions naturelles, et Jean-Jacques
avait quelque raison dans son début mélancolique de l'*Emile* : « Tout est bien

b.

sortant des mains de l'auteur des choses; tout dégénère entre les mains de l'homme. » La *cité de Dieu* est au sein de la nature et de l'Égalité. C'est la République de l'avenir.

Il y aura toujours, d'ailleurs, des tempéraments et des caractères plus spécialement portés à la production matérielle, Caïn le fort à côté d'Abel le poëte. Permets-moi un petit apologue qui sera sûrement de ton goût, mon cher Abel :

« Dans une famille de prolétaires, il y avait trois frères : l'aîné était un homme vigoureux, sain de corps et d'esprit; le second, un pauvre infirme, privé de l'ouïe et de la vue et perclus des membres; le plus jeune, une organisation frêle et poétique, un esprit rê-

veur et vagabond, incapable de se fixer
sur la réalité. Ses mains délicates se dé-
chiraient à manier la bêche ou la char-
rue ; et quand son frère l'emmenait aux
champs pour le travail de la saison, le
jeune poëte s'arrêtait involontairement
devant les fleurs des prés, ou bien il
considérait les découpures de la terre à
l'horizon et les nuages du ciel. Alors,
le travailleur aux larges épaules, aux
mains calleuses, lui dit : « Abel, mon
frère, Dieu qui nous a chargés de nour-
rir notre frère le perclus, nous rendra
cette justice, que nous avons donné au
malade les premiers fruits de la terre et
le plus pur extrait du froment. Mais
ces rudes fatigues t'épuisent, et la terre
résiste à ton action débile. Abel, mon
petit poëte, retourne à la maison. Va

t'asseoir avec le pauvre malade sous l'ombre des charmilles, ou bien, va garder nos troupeaux le long des montagnes. Fais ce que ton cœur t'inspirera ; et quand, le soir, je reviendrai du travail champêtre, tu me raconteras tes impressions naïves, tu m'enseigneras à aimer les beautés de la nature et à adorer Dieu. La pensée te révélera des secrets qui allégeront mon travail et le rendront de plus en plus productif. J'aime à exercer mon bras sur le monde. Le travail de mon bras suffira bien à notre aisance à tous trois. Car Dieu ne nous a pas destinés tous au même œuvre; mais il a réglé l'ordre des choses , pour que nous vivions tous dans la liberté. »

Il ne faut pas cependant que l'amour de la nature, la poésie et l'art, nous isolent absolument des hommes et de la société. Bien au contraire, c'est là le lien normal de tous les hommes et de toutes les choses. C'est le même sentiment que la religion divine ; car Dieu est partout. Toi, cher Rousseau, tu as pratiqué avec naïveté un détachement exclusif de tout ce qui n'est pas ton art. Tu es demeuré toujours étranger aux passions qui nous agitent et aux intérêts légitimes de la vie commune. Tu as vécu comme les solitaires de la Thébaïde dans une concentration un peu impie. Il est vrai que ta Thébaïde était un paradis cérébral resplendissant de vie et de couleur. Mais tes inquiétudes secrètes et tes agitations, et tes souffrances instinctives, et quelquefois ton impuissance même dans l'expression de ta poé-

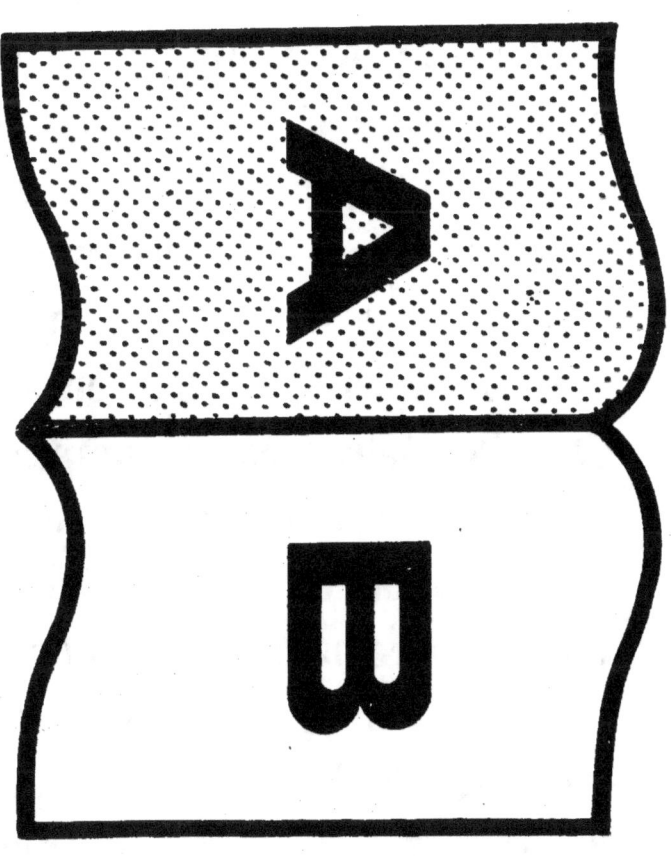

sie, ne vena int-elles point de cette sé-
questration excessive, de ce suicide
d'une partie de tes facultés ? En te mê-
lant un peu plus avec les hommes et
avec les femmes, ton talent eût gagné
sans doute en pénétration et en magné-
tisme, sans perdre de son originalité.
Et d'ailleurs, si les hommes comme toi
vivaient dans la vie commune, que
n'apporteraient-ils pas à leurs *sembla-*
bles! Peut-être n'as-tu compris et pratiqué que la moitié du devoir, qui est
le perfectionnement et l'élévation de
notre propre nature. Dieu nous a aussi
imposé le devoir de contribuer directement au perfectionnement des autres
créatures par une sainte communion de
nos sentiments et de nos pensées. Diras-
tu que c'est là de la politique et non
plus de l'art ?

Mais la politique est la sœur de ta
poésie bien-aimée. Quand la politique
est fausse, la poésie souffre et ne peut
étendre ses ailes. Te rappelles-tu le
temps où dans nos mansardes de la rue
Taitbout, assis sur nos fenêtres étroites,
les pieds pendants au bord du toit, nous
regardions les angles des maisons et les
tuyaux de cheminée que tu comparais,
en clignant de l'œil, à des montagnes et
à de grands arbres épars sur les acci-
dents du terrain? Ne pouvant aller dans
les Alpes ou dans les joyeuses campagnes, tu te faisais avec ces hideuses
carcasses de plâtre un paysage pittores-
que. Te rappelles-tu le petit arbre du
jardin Rothschild, que nous apercevions
entre deux toits? C'était la seule ver-
dure qu'il nous fût donné de voir. Au

printemps, nous nous intéressions à la pousse des feuilles du petit peuplier, et nous comptions les feuilles qui tombaient à l'automne. Et avec cet arbre, avec un coin de ciel brumeux, avec cette forêt de maisons entassées, sur lesquelles notre œil marchait comme sur une plaine, tu créais des mirages qui te trompaient souvent dans ta peinture sur la réalité des effets naturels. Tu te débattais ainsi, par excès de puissance, te nourrissant de ta propre invention que la vue de la nature vivante ne venait point renouveler. La nuit, tourmenté d'images sans cesse variables et flottantes, faute d'un repos sur de véritables campagnes baignées de soleil, la nuit, tu te levais fiévreux et désespéré. A la clarté d'une lampe hâtive, tu essayais de nouveaux effets sur ta toile déjà couverte bien des fois, et le matin je te trouvais fatigué, triste comme la veille, mais toujours ardent et inépuisable.

N'as-tu pas fait vingt paysages différents et successifs avec le même motif, musique fantasque et toujours harmonieuse, variante sur le même thème, ton sur ton, couleur sur couleur ? Et quand je surprenais malgré toi ces caprices nouveau-nés qui remplaçaient dans le même berceau un caprice chéri pendant vingt-quatre heures et caressé avec passion, combien je te grondais de tuer ainsi tes enfants, de ne pas les élever jusqu'à une belle et forte jeunesse ! Mais tu ne pouvais laisser une image fixe, ni prendre de nouvelles toiles pour tes nouvelles fantaisies. Que de fois j'ai voulu emporter de force tes ébauches sublimes ! Tu aurais aujourd'hui une belle histoire peinte de tes tourments d'artiste. Mais tu ne te contentais point d'une esquisse incomplète. Je te disais qu'on peut aussi accuser le soleil de faire le plus souvent des esquisses et que les effets vagues sont les plus fréquents dans la nature. Il est rare, du moins dans nos climats, que le paysage soit écrit positivement avec des lignes ar-rêtées. Cependant tu ne t'émouvais pas davantage à mes raisons, parce que tu ne cherchais pas le *fini* dans la peinture, mais l'infini dans la poésie. Je conviens que j'étais à peu près aussi raisonnable qu'un homme qui, voyant sur la campagne un bel effet de lumière, voudrait

arrêter le soleil et emporter la terre
avec cet aspect invariable, disant au
soleil de prendre une autre terre pour
ses ébats; comme si l'on ne pouvait pas
se fier au soleil pour recommencer sans
cesse sa magie éblouissante et pour vous
surprendre à chaque nouveau tableau.

Alors tu me répondais comme pourrait faire le soleil : « Bah, est-ce que je
ne referai pas cela quand je voudrai! »
En effet, le soleil varie éternellement
ses effets. A chaque seconde, il crée une
nouvelle nature; il fait de nouvelles
images sur la même toile.

Ne ris pas, cher poëte, de te voir com-
parer au soleil, comme Louis XIV, qui
ne le méritait guère. Louis XIV était
bien plutôt une lune qu'un soleil; car
il recevait sa lumière des hommes de

génie qui illustrèrent son siècle. Toi, tu illumines ta toile : tu es soleil relativement à la peinture ; lune seulement par rapport à l'autre, qui rayonne dans l'immensité, et dont tu imites la splendeur.

Te rappelles-tu encore nos rares promenades aux bois de Meudon ou sur les bords de la Seine, quand nous avions pu réunir à nous deux, en fouillant dans tous les tiroirs, une pièce de cinquante sous? Alors c'était une fête presque folle au départ. On mettait ses plus gros souliers, comme si nous fussions partis pour un voyage à pied autour du monde; car nous avions toujours l'idée de ne plus revenir ; mais la misère tenait le bout du cordon de nos souliers, et nous attirait de force vers la mansarde, condamnés ainsi à ne voir jamais dehors qu'un seul tour de soleil. Notre bourse ne durait guère. L'air de la Seine est bien vif, et il fait bien faim sous les bois. Le tabac de caporal est si bon, quand on marche comme des chevaux échappés sous le vent, ou quand on se couche sur quelque colline pour regarder les bandes bleues de l'horizon ! Je ne me rappelle pas que la régie nous ait jamais fait présent d'une once de tabac, ni que les cabaretiers de Saint-Cloud nous aient jamais offert l'hospitalité.

Cependant nos promenades si modestes et si sobres, mais si ardentes et si enthousiastes, valaient bien une course en équipage dans ce pauvre bois de Boulogne, saccagé par les fortifications. Que nous avons vu de belles choses ensemble, là-bas, pas plus loin que Meu-

don ou Saint-Cloud ! Le bon Dieu nous
faisait des orages gratis et des spectacles
imprévus, tout exprès pour nous. Que
tu étais heureux, mon cher peintre,
quand le ciel voulait bien avoir des caprices, se voiler de nuages, et laisser
passer au hasard des rayons mélanco-
liques ! Après ces décorations splendides, que nos mansardes nous paraissaient
grises, malgré leur superbe mobilier
suffisant à nos besoins : un lit délabré,
quelques fauteuils de la Renaissance, en
bois de chêne, avec des loques de velours, un petit guéridon au pied con-
tourné, une bougie chancelante dans
un vase du Japon, une bouilloire à café,
des livres poudreux et de belles esquisses
des anciens maîtres, pendues aux lam-
bris. C'était bien pauvre, mais moins laid,
en conscience, qu'un salon bourgeois.

C'est là que George Sand vint un jour te voir, amenée par Eugène Delacroix. Toi qui n'as jamais songé à la faveur publique, et qui as toujours fait de l'art par amour, ce fut cependant, je pense, un des beaux jours de ta vie. Les deux plus grands peintres du xixᵉ siècle, Eugène Delacroix et George Sand, venant te traiter de frère; Delacroix trouvant par modestie sa palette terne à côté de ta couleur, lui qui a fait les plus beaux ciels du monde; George Sand reniant ses paysages du Berry à côté de tes paysages de la rue Taitbout, elle qui a peint avec la parole mieux que Claude ou Hobbéma; n'est-ce pas que tu oubliais alors toutes tes nuits sans sommeil et tes jours de désespoir?

Il y avait dans ton atelier ta *Descente de vaches*, le premier ouvrage complet de ta jeunesse, un paysage où la nature est comprise avec la sensibilité de Jean-Jacques, et exprimée avec l'originalité de Rembrandt. Il y avait quelques études de ta première échappée en Auvergne, quand, à dix-sept ans, tu abandonnas l'atelier académique pour aller regarder les arbres et le ciel ; et l'on te demanda si une de ces vigoureuses études n'était pas un caprice de Géricault. Il y en avait d'autres qui, par la finesse, ressemblaient à Bonnington, d'autres à Salvator, par la rudesse de la touche et la spontanéité de l'effet. Il y avait aussi sur le chevalet un petit morceau de buisson , bien admiré par tes deux hôtes illustres, mais qui disparut malheureusement sous un désir nouveau. Hélas ! que j'en ai vu changer ainsi de charmants poëmes entre les arbres et la tempête,

entre le soleil et les ruisseaux ; mais la
nature ne dévoilait jamais le mystère
que tu poursuivais avec l'opiniâtreté pa-
tiente et passionnée d'un génie valeu-
reux.

C'est la certitude de tes impressions
fortes et originales, autant que la sym-
pathie des vrais artistes, qui t'a soutenu
dans cette lutte obscure ; et peu à peu,
malgré ta solitude et ta modestie, malgré la persévérance du jury qui t'a toujours refusé la publicité, ton nom se
répandait, si tes œuvres étaient incon-
nues. On se disait qu'il se préparait un
grand peintre dans un petit atelier fer-
mé à la curiosité vulgaire. On écrivait à
chaque Salon, sur les paysages de Rousseau, comme s'ils eussent été exposés
au Louvre. Eugène Delacroix, George
Sand, M. Ary Scheffer et quelques au-

tres, racontaient ce qu'ils avaient vu, si bien que l'atelier a été forcé par les connaisseurs intelligents.

Aujourd'hui, plusieurs de tes paysages ornent les deux ou trois cabinets les plus distingués de Paris. Ton *Allée de châtaigniers*, d'une composition si hardie qui fait songer aux cathédrales du Moyen Age, resplendit chez M. Périer, à côté des belles peintures de M. Decamps. Aujourd'hui, le succès extérieur et la renommée, qui n'ont jamais été ton but, se trouvent le résultat légitime de ta vie laborieuse et de ton amour.

En même temps, le talent inquiet et sauvage de ta première jeunesse s'est tranquillisé par la série de tes expériences aventureuses sur les ressources de la couleur. Tu as conquis une pratique victorieuse qui ne s'arrête plus devant les difficultés de l'expression. Tu es sûr de ta forme et de ton style pour traduire ta poésie intime. Tu es entré dans ta période de force productive. Montre maintenant tes fleurs et tes fruits.

Là-bas, quand tu rentreras le soir de tes courses sous le ciel méridional, ouvre ce Salon que je t'envoie comme un souvenir de notre vieille amitié et de nos luttes communes. Pardonne-moi dans ce travail sans ordre, improvisé au jour le jour pour le journalisme rapide, beaucoup d'hérésies bienveillantes et quelques banalités volontaires. Pour écrire un Salon digne d'un intérêt durable, il faudrait prendre une demi – douzaine d'hommes comme MM. Delacroix, Ingres, Ary Scheffer, Decamps, qui représentent des qualités particulières, et rattacher à ces chefs de notre école les autres talents qui n'ont pas une véritable originalité. Avec de pareils artistes, on s'élèverait naturellement aux plus hautes questions de l'art, fond et forme. Mais combien de peintres au Salon de 1844, qui ne soient pas plus ou moins des rejetons?

Cependant, puisque Dieu a créé mille humbles plantes joyeuses de recevoir les rayons du soleil au travers des grands chênes, ne méprisons pas absolument les talents secondaires. Rembrandt ne dispense pas de Van Eeckout et de Flinck. On peut apporter à la suite des maîtres une certaine originalité et un mérite incontestable. Heureux quand, à côté de Rubens, on trouve Van-Dyck, Sneyders et Jordaens.   т. т.

SALON DE 1844

I.

Comment plonger dans cet océan de peintures, et en retirer quelques petites perles
bien nettes et bien fines? Lorsqu'on apporte
au lapidaire un pêle-mêle de pierreries de
toutes couleurs et de toutes qualités, il commence par mettre la main sur les diamants,
puis il choisit les bijoux précieux et rares,
les rubis lumineux et les émeraudes au reflet de serpent. Le reste, il le compte tout
au plus pour le vendre en nombre. Les petites turquoises valent cinquante francs le
mille! C'est bien joli pourtant, mais c'est si
commun! On en récolte des millions contre un seul rubis. Il y a plus commun encore, c'est l'agate; on n'en veut pas du

tout. L'agate n'est plus même un objet d'art. Le luxe la renvoie aux industries roturières; car, au-dessous de l'agate, vous n'avez plus que le simple caillou qui est bon à sabler le chemin.

Nous sommes au Salon comme le lapidaire devant son tas de pierres. Hélas! que d'agates bigarrées de grosses nuances communes et opaques! Où est le diamant qui porte l'arc-en-ciel? Où est l'émeraude qui, comme le paysage, prend sous la lumière les couleurs diverses de la végétation? Où sont toutes ces pierres transparentes comme des rayons de soleil qu'on aurait le pouvoir de cristalliser?

Où est l'art? Nous ne trouvons que l'industrie au lieu de l'art.

Demandez à ces ouvriers sans inspiration, quel est le principe de la peinture. Ils n'en savent rien. La plupart vous diront que c'est l'imitation de la réalité. On pourrait alors les renvoyer au daguerréotype et à la chambre noire. On pourrait substituer une figure en cire rose à la Vénus de Milo. Et la musique, est-ce l'imitation de la réalité?

La poésie, qui est le principe de tous les arts, rhythme, son, forme ou couleur, est justement le contraire de l'imitation. C'est l'invention, c'est l'originalité, c'est le signe manifesté d'une impression particulière. La poésie n'est pas la nature, mais le sentiment que la nature inspire à l'artiste. C'est la nature reflétée dans l'esprit humain.

Demandez encore à ces peintres quel est le moyen spécial de leur art. N'est-ce pas la couleur, ou l'harmonie? Ils n'en savent rien. Dans quel ton jouent-ils? Quelle est la note dominante de l'harmonie de leur tableau? Velasquez aurait pu répondre : « Je suis dans le ton gris argenté. » Decamps répondrait : « grenat ou feuille-morte. » Delacroix dirait, à la façon de Beethoven : « Ma symphonie commence en pourpre majeur et continue en vert mineur. » Le Titien, Rembrandt, Rubens et Murillo, n'étaient point embarrassés pour cette divine musique, dont le secret n'est plus même soupçonné par la majorité des exposants.

A la vérité, l'école française n'a jamais été très-coloriste ; mais elle a suppléé, presque toujours, par une qualité intellectuelle, au talent spécial de l'expression en peinture, qui est la couleur. La qualité de la composition est ce qui distingue nos artistes nationaux, et c'est là leur principe de vie. Le principe de l'école florentine, c'était le dessin, la tournure des lignes, le style de la forme. Le principe de l'école vénitienne, c'était la couleur et la lumière. Le principe de l'école romaine fut la composition générale, la mise en scène et l'ordonnance du sujet. La France, en ce point, a toujours suivi la tradition romaine. Nos grands ar-

tistes sont de l'école de Raphaël, avec non
moins de logique et de raison, si ce n'est
avec autant de poésie. Le Poussin et Lesueur, et plus récemment Léopold Robert,
appartiennent à ce système. Aussi la ten-
dance de notre école fut-elle toujours historique, pendant que la peinture italienne
en général aspire à la poésie, pendant que
les écoles flamande et hollandaise expri-
ment la vie domestique.

A toutes les époques, il y a au fond d'un
art indigène une certaine raison détermi-
nante, une logique qui ne se dément point.
Au dix-huitième siècle, l'art de la Régence
et de Louis XV était inspiré par la volupté.
L'école de la Révolution affectait un stoï-
cisme austère. L'école impériale se drapa
militairement avec une raideur calculée.
On sentait que ces figures nues venaient
d'être déshabillées pour le besoin du moment. Elles n'étaient pas à l'aise sans col

et sans bottes fortes. Léonidas avait servi
dans les cuirassiers, Enée dans les dragons.
Romulus était de la jeune garde, et Béli-
saire des vétérans. Les héros de l'antiquité
portaient le sac sur le dos, comme les trou-
piers de Napoléon.

Lors de la réaction romantique, vint le
caprice et l'étrangeté. Toutes les traditions
furent sifflées, toutes les règles détruites.
Mais, du moins, cette liberté effrénée encou-
rageait l'originalité, l'audace et l'invention.
Elle a fait épanouir quelques peintres de
franche race, que la compression d'un système exclusif eût étouffés. C'est à cette révolution artistique que nous devons MM. Delacroix, Decamps, Ary Scheffer, Rousseau
et les jeunes paysagistes, Camille Roque-
plan et tous les peintres de la fantaisie, et
même M. Ingres, qui a profité du désordre
pour introduire un dogmatisme nouveau.
Mais le système de celui-ci n'a converti que

de pâles et faibles disciples; car l'art a besoin, avant tout, de liberté, comme disait
Winkelmann à propos de l'art grec; et le
succès des premiers n'a pas suffi à donner
le génie à leurs admirateurs; tant la poésie
et la forme sont de rares qualités qui ne
s'empruntent point par l'imitation.

Aujourd'hui, l'école française, telle que
la présente le Salon, en l'absence des indi-
vidualités glorieuses qui n'ont pas exposé
leurs œuvres, n'a plus aucune règle, aucun
principe, aucun amour. La composition, le
dessin, la couleur, s'y montrent rarement,
et tout à fait par hasard. Le hasard aveugle entraîne confusément et à l'aventure
tous ces artistes, dont les facultés essen-
tielles devraient être un œil perspicace, une
raison droite, un sentiment convaincu.

Allons donc au hasard le long des murs
tapissés de tableaux, de même que chaque
peintre a brossé au hasard sur sa toile. On

nous pardonnera si, par imitation, cette revue manque d'ordonnance et peut-être aussi de style et de couleur.

Que de grandes toiles! que de grosses et lourdes figures pour peu de pensée! que de temps et de matériaux perdus! Et que fera l'avenir de ces immenses tableaux vides? Ce ciel de trois mètres carrés pouvait tenir dans un petit coin de quelques pouces. Il n'en fallait pas tant à Ruysdael pour exprimer les tempêtes de l'air et les profondeurs de l'infini. Ces animaux, de proportion monstrueuse, Albert Cuyp les faisait bien plus gigantesques, sur un panneau d'un pied. La proportion mathématique ne préjuge rien pour la grandeur. La moindre figure dans un petit dessin de Michel-Ange est plus haute que vos majestueux personnages. Benvenuto ciselait, sur le pommeau d'une épée, des combats qui valent bien les deux lieues de peinture guerrière exposée à Ver-

sailles; et l'éléphant de la Bastille tiendrait
dans le ventre d'un de ces merveilleux petits éléphants qu'on trouve quelquefois gravés sur les pierres antiques, après la conquête d'Alexandre.

Il y a au Salon quelques centaines de toiles qui ont plus de dix pieds. C'est dix fois,
cent fois trop. La plupart sont commandées
pour le Musée de Versailles ou pour les égli-
ses de département. L'art et le culte n'y
gagneront rien. Les tableaux religieux ont
perdu leur signification; les tableaux historiques n'ont d'intérêt que le sujet. Voici
cependant un tableau qui attire les regards:
c'est *la Fédération* au Champ-de-Mars,
en 1790, par M. Auguste Couder. On dit que
le roi Louis-Philippe allait souvent voir travailler M. Couder dans les ateliers du Louvre : il pouvait lui prêter les souvenirs du
duc de Chartres. Il ne paraît pas, toutefois,
que le peintre ait eu le sentiment de cette

grande fête nationale. La composition manque absolument d'unité. On cherche en vain le centre de l'action. Est-ce le groupe de Louis XVI et de sa famille ? Est-ce l'autel où Talleyrand célèbre l'office ? Est-ce la Constituante, ou la municipalité de Paris ? L'œil se perd dans les détails sans pouvoir saisir l'ensemble. On remarque seulement les petites figures coquettes et brillantes du premier plan, qui montent les gradins : les épisodes couvrent le point principal.

Je sais bien que le sujet et le lieu de la scène comportaient des difficultés excessives : un espace vide, au milieu ; une couronne bariolée, tout à l'entour. Où placer le nœud de la composition ? Par quel artifice de perspective et de lumière sacrifier la garniture de ce collier à la décoration centrale ? Il faut toute cette foule, et un grand peintre en eût mis encore bien davantage ; mais il faut, de plus, que ces rayons ne soient pas isolés. La vie doit être au cœur et non dans les extrémités. Paul Véronèse est le grand maître de ces compositions compliquées. Le Titien a fait quelquefois aussi des assemblées immenses, comme le Concile qui est au Louvre. Dans le tableau du Titien, on admire l'harmonie de la composition, quoique le peintre n'eût pas la ressource d'un sujet en action bien vive. Dans le tableau de M. Couder, l'intérêt devait se porter sur l'autel de la patrie et sur les corps nationaux qui l'environnent. Il fallait dissimuler les premiers plans par des demi-teintes habiles, et concentrer le soleil au cœur de la scène. Vous voulez nous représenter une des plus augustes solennités publiques de l'histoire de France, et nous n'apercevons que quelques femmelettes cambrées, avec des muscadins en habits de soie. La fédération de 90 devait laisser une autre impression.

Le tableau de M. Couder est comme une pièce de théâtre dont les cinq grands actes seraient remplis d'anecdotes plus ou moins piquantes, en dehors de toute conception dramatique. Quelques vers faciles, quelques mots spirituels et chatoyants, ne suffiraient pas pour sauver la pièce. Faites un madrigal ou un couplet, si le drame et la comédie sont au-dessus de vos forces. La peinture historique, comme le théâtre sérieux, exige l'unité, une action nette et une pensée en relief. Soyez Gavarni, Charlet ou Daumier, si vous ne pouvez pas atteindre Paul Véronèse, Raphaël ou le Poussin. Il vaut mieux être un bon lithographe qu'un peintre médiocre. Sancho préférait son grison joyeux au triste coursier de don Quichotte.

Un autre peintre qui a grand tort de s'égarer sur des toiles immenses, c'est M. Biard. Le public ne le suivra point au *Bivouac de la garde nationale*. M. Biard sera perdu par les commandes officielles. Comment peindre l'histoire politique, après la *Pudeur orientale* ou la *Convalescence?* Les plus hauts personnages prendront toujours une tournure équivoque sous la main qui fait grimacer des caricatures boursouflées. On ne saurait être à la fois Corneille et Trissotin. M. Biard a d'ailleurs trop de succès pour qu'il puisse, sans ambition coupable, envier aucun des contemporains. Il est plus admiré le dimanche que MM. Ingres et Delacroix toute la semaine. Il a pour lui tout ce public qui s'arrête au vieux Musée devant l'*Intérieur* de M. Drolling, qui méprise les Italiens et qui s'aventure à peine chez les Flamands jusqu'aux porcelaines du chevalier Vander Werf ou de Mieris.

Le salon carré contient la plupart des grands tableaux de commande, des *Batailles,* par MM. Larivière et Debay, la *Prise de Marrah,* par M. Decaisne, une foule de com-

positions empruntées à l'ancien et au nouveau Testament, comme le *Jardin des Oliviers*, par M. Chassériau, des portraits, des
paysages, et le fameux *Incendie du quartier
de Péra*, à Constantinople, par M. Gudin.

M. Gudin compte six tableaux à l'exposition, et il occupe six pages du livret; une
page en petit texte pour chaque tableau.
Est-ce que la peinture de M. Gudin ne s'ex-
plique pas d'elle-même, pour avoir besoin
de si longs commentaires? Le langage de la
forme et de la couleur devrait dispenser de
ces interprétations démesurées.

L'*Incendie* de M. Gudin est un déluge
d'affreuse couleur jaunâtre, sans le pétille-
ment de la flamme, sans la vivacité du feu.
Les incendies de Van der Poël et même du
vieux Breughel sont bien plus terribles et
bien plus naïfs en même temps. Dans le tableau de M. Gudin, les figures, et en tête le
prince de Joinville, se dessinent sur ce fond

opaque, comme les personnages des papiers peints. L'effet est complétement manqué.

Il est vrai que M. Gudin prend l'entreprise de trop de tableaux au compte de la liste civile pour conserver les qualités de peintre qu'il annonçait dans ses premiers ouvrages. Il faut choisir entre l'art et l'argent. M. Gudin a préféré la fortune rapide à un talent développé par l'étude et la réflexion.

M. Eugène Isabey est aussi un de ces improvisateurs qui n'ont pas le loisir de travailler un tableau. Pour faire du premier jet une œuvre digne d'approbation, il faut plus que du talent, il faut du génie. Les grands maîtres, en effet, sont admirables dans leurs ébauches et dans le moindre croquis. Souvent une esquisse a plus de style et de vigueur qu'un tableau terminé. Mais cependant ces études primesautières ne doivent être que des motifs destinés à une élaboration plus consciencieuse et plus sévère.

La *Rencontre du roi Louis-Philippe et de la reine Victoria*, en rade du Tréport, a de l'éclat et de la spontanéité; la couleur en est riche, mais fausse. M. Isabey est plus heureux dans ses petites marines sans prétention.

M. Dauzats a représenté une scène de notre expédition d'Afrique, la *Soumission d'El Mokrany*. On voit les ruines romaines de l'ancienne Sitifis, les tentes des Arabes et les principaux chefs entourés de troupes nombreuses. La composition est un peu confuse, mais l'aspect a de la couleur et du mouvement.

Deux autres épisodes de la guerre d'Alger ont été exposés par MM. Philippoteaux et Benjamin Roubaud. M. Philippoteaux est un jeune peintre qui cherche une manière et qui se jette étourdiment dans des imitations successives, à la découverte du succès. M. Horace Vernet paraît être aujourd'hui l'objet de sa prédilection. M. Philippoteaux a de l'adresse et de la verve. Il ferait mieux de suivre ses impressions personnelles, que de regarder sans cesse d'où vient le vent.

Le tableau de M. Benjamin Roubaud est certainement un des mieux composés entre tous ces tableaux sans intérêt et sans unité. C'est le *Retour du duc d'Aumale dans la plaine de la Mitidja*, après la prise de la smala d'Abd-el-Kader. L'auteur a bien compris le caractère de son sujet. Ce ciel d'Afrique, ce paysage désolé, ces costumes étranges, la vie aventureuse dans un pays neuf et sauvage relativement à la vieille Europe, pourraient fournir à nos peintres des effets originaux, s'ils n'avaient pas la triste habitude de se copier les uns les autres; les scènes d'Afrique sont déjà stéréotypées et uniformes, comme tous les sujets épuisés par la peinture officielle. On a dit avec raison que les innombrables batailles du Musée de

2.

Versailles n'étaient qu'une seule bataille, et que les auteurs n'avaient pas réussi à donner à chacune son drapeau distinctif et particulier. Quelle que soit l'époque, c'est, en effet, toujours la même ordonnance : de gros chevaux et des combattants en posture théâtrale au premier plan, le reste au hasard ; un paysage de convention, partout le même ; le même ciel partout ; voilà le type des batailles de nos peintres privilégiés. Il ne faut excepter que la *Bataille de Taillebourg*, par M. Eugène Delacroix.

La *Caravane*, de M. Roubaud, est très-pittoresquement rangée. Chaque figure est juste de mouvement et d'expression, tout en concourant à l'ensemble. Il y a sur cette scène comme un signe de résignation valeureuse. Le courage, l'amour de la patrie, l'enthousiasme propre au caractère français, font oublier à ces soldats harassés la fatigue et les dangers. M. Roubaud connaît aussi bien son soldat d'Afrique que M. Charlet connait le troupier impérial. M. Raffet seul pourrait lui donner des leçons sur la physionomie de l'armée d'Alger.

M. Gigoux est l'auteur d'un grand tableau où l'on remarque des qualités d'exécution. La réputation de M. Gigoux est faite depuis plusieurs années. Sa *Cléopâtre*, exposée en 1838, est une des compositions notables de notre école contemporaine. Personne ne manie la brosse avec plus de certitude que M. Gigoux. C'est un praticien consommé et un excellent maître pour les élèves en peinture. Il a de la science et de la conscience, de la réflexion et de la volonté. Il a étudié les anciens maîtres au Louvre et en Italie. Il possède et pratique les procédés des meilleures écoles. Il est inquiet du style et de la grandeur, mais ses tableaux manquent quelquefois du sentiment de la beauté. Son *Baptême de Clovis* présente trois ou quatre fi-

gures excellemment peintes, les deux femmes de droite et l'homme casqué qui porte
un grand manteau bleu. Les draperies blan-
ches de la jeune fille, la robe rouge et les
joyaux éclatants de la seconde femme, le
manteau du soldat, sont dignes en plusieurs
parties des artistes vénitiens. Malheureusement, la figure principale, ce Clovis qui
courbe la tête devant saint Remi, n'a point
la tournure historique du glorieux Sicambre. Ses jambes grossières et lourdes, ses
bras rouges et sans accent, les attaches arrondies, les mains communes, enlèvent
tout caractère au premier héros de notre
tradition nationale. Chaque type doit avoir
cependant sa beauté spéciale dont l'art est
l'interprète. Clovis nous apparaît toujours
comme une grande figure pleine d'élan, de
force, de conviction et d'audace. Ces bar-
bares prédestinés ont dans nos annales une
allure si brusque, si franche, si imprévue;

ils vont au-devant de la civilisation et de la lumière, sans savoir où ils vont, mais rien ne saurait les retarder. C'est cette marque radieuse d'une fatalité salutaire qui n'est point écrite au front du Clovis de M. Gigoux.

Tous les artistes connaissent dans les jardins de Versailles le magnifique groupe d'*Andromède*, du Puget : la femme enchaînée est tapie sur son rocher, comme un oiseau peureux qui attend ; et Persée s'élance pour briser les fers. On sent que l'irrésistible vainqueur n'a qu'à allonger sa main nerveuse et que le charme sera rompu. Il va cueillir sa bien-aimée comme un fruit désiré, et l'emporter dans ses bras.

Clovis ne fut-il pas le Persée de la France gallo-romaine? la nation enchaînée par l'ancien culte et par une politique oppressive, attendait son sauveur, et c'est le fier Sicambre qui se précipita pour délivrer cette Andromède.

II.

Où est le temps de ces grandes disputes qui passionnaient les artistes et la critique? On s'agitait alors pour un effet de lumière, pour l'expression d'une physionomie, pour la contorsion d'un membre. Alors il fallait que les personnages qui se permettaient de paraître au théâtre public eussent le bon goût d'avoir quelque tournure et d'exécuter bravement leur rôle. On prenait au sérieux le drame représenté sur la toile, comme les drames qui se jouent sur les planches. L'*Athalie* de Sigalon, le *Dante*

d'Eugène Delacroix, on les comparait à
l'esprit de Racine, à l'esprit de l'immortel
poëte italien. Le *Massacre de Scio* a fait ti-
rer l'épée, comme le *Hernani* de M. Victor
Hugo. Il y avait alors des factions aux couleurs diverses, comme au cirque de Néron;
la Rose blanche et la Rose rouge, comme
dans la guerre des Stuarts; les Bleus et les
Blancs, comme dans l'ancienne Vendée;
les élus et les réprouvés; le fanatisme de
part et d'autre, l'indifférence nulle part;
une sorte de religion partout, comme dans
les époques ardentes de révolution. Le sentiment de la beauté, l'amour de la couleur
et de la forme, avaient leurs apôtres et leurs
martyrs. Plusieurs en sont morts, non pas
parmi les critiques, race de spectateurs curieux et réfléchis, qui ont toujours soin de
leur santé, et qui se contentent d'applau-
dir au développement du drame et au jeu
des acteurs, pendant que ceux-ci se consu-

ment à réaliser la pensée poétique. Mais les premiers rôles de la pièce, mais Prud'hon, Géricault, Léopold Robert, Sigalon, et combien d'autres plus obscurs, mais ces nobles artistes, dont la vie fut une aspiration insatiable et un désir comprimé, ils ont été tués par leur génie. L'art est long et la vie est courte, selon le proverbe ancien. Leur passage fut bien rapide, en effet, et leur œuvre bien contestée. A leur moment suprême, ils n'ont point, comme les gladiateurs antiques, salué le César qui les faisait mourir : *Cæsar, morituri te salutant;* car la plupart sont morts en désespérés, maudissant l'art, ce César impérissable, ce despote pour qui se sacrifient toujours les plus généreux athlètes, sans autre espoir qu'une gloire chanceuse, sans autre satisfaction que l'accomplissement d'un amour fatal.

Où est le temps de la *Locuste,* de Sigalon, du *Naufrage de la Méduse,* de Géricault, du

3

Sardanapale, d'Eugène Delacroix, de la *Patrouille turque*, de Decamps, et même des *Pêcheurs*, de Léopold Robert, ou du *Saint Symphorien*, de M. Ingres? La médiocrité a remplacé l'inspiration chez les artistes; l'indifférence a succédé à l'intérêt dans le public. On pouvait mieux attendre de cette crise fiévreuse qui promettait un complet rétablissement. En littérature, du moins, l'insurrection romantique a conquis un instrument plus agile, une pratique plus libre et plus éclatante. Le mouvement littéraire s'est continué avec un notable progrès. Les écrits de George Sand, par exemple, joignent à l'éloquence et à la conviction de J.-J. Rousseau, les allures délibérées et fantasques du dix-neuvième siècle. En peinture, la tradition française est perdue, quant à la pensée. C'est en vain que Louis David, reprenant indirectement l'œuvre du Poussin, a ressuscité les héros de l'histoire. L'école contemporaine abjure le génie français, qui est la préoccupation des grandes choses sociales et politiques. Et de même, quant à la forme, les peintres actuels ne profitent pas davantage des conquêtes de la révolution romantique. Cependant, les deux écoles qui se sont succédé depuis la fin du dix-huitième siècle auraient pu, en combinant leurs éléments, produire un art national, plein de sève et d'originalité. Oui, David avait raison d'évoquer Socrate, Léonidas et les Horaces; car ce sont des types que la mémoire des hommes doit conserver éternellement; et la reproduction des hauts faits historiques est une allégorie féconde pour les générations vivantes. Oui, Géricault et Delacroix avaient raison, au même titre, en peignant les drames de l'histoire contemporaine; car le domaine de l'art est infini : l'humanité tout entière, la nature tout entière, lui appartiennent.

L'art est partout, il ne s'agit que de le voir. Les artistes sont ceux dont le regard saisit une image et un sentiment, et dont le métier habile sait reproduire cette impression dans un moule particulier. Quand la nature ou la méditation vous donnent une idée abstraite, vous êtes un philosophe; quand elles créent au-dedans de vous-même des formes vivantes, vous êtes un poëte; si vous avez la puissance divine de jeter hors de votre cerveau ces êtres animés, avec une couleur distinctive et des porportions normales, vous êtes peintre.

Les exposants au Salon de 1844 ne sont guère tourmentés de cet esprit intérieur, de cette flamme poétique, comme on disait au dix-septième siècle. La peinture n'est plus qu'un métier vulgaire, ainsi que les autres professions. L'art pour l'art valait encore mieux. Chacun, du moins, cherchait à se distinguer par une certaine interprétation de la nature, par un sentiment original. Aujourd'hui, vous allez le long des galeries du Salon, sans qu'aucune œuvre caractérisée vous force à vous arrêter. Tous les tableaux se ressemblent. On dirait les produits de la même manufacture industrielle. Quand on se promène au vieux Louvre, avec quelque pratique de la peinture, on peut du premier coup d'œil appliquer un nom à chaque tableau : Rembrandt, Ostade, Cuyp, Véronèse, Corrège, André del Sarte; même aux maîtres secondaires, qui ont pourtant un signe de race et une physionomie distincte, quoiqu'ils appartiennent à la même famille. Aujourd'hui, c'est une promiscuité misérable. La race est effacée. Il ne reste que le cachet d'une débilité générale et d'une commune laideur. C'est comme ces pauvres enfants des grandes manufactures anglaises, qui ont tous perdu la forme et la santé, qui ont tous la taille fatiguée, les traits frustes, et la peau décolorée.

Quelques artistes cependant se recommandent par des qualités individuelles. Les tableaux de MM. Corot, Leleux, Diaz, Couture, Marilhat, Muller, Glaize, Charpentier, Français, Aligny, les portraits de MM. Lehmann, Louis Boulanger, Gallait, Pérignon, Alfred Dedreux, etc., méritent un examen spécial.

M. Corot est un paysagiste très-apprécié en dehors de l'Institut, qui lui a refusé, cette année encore, un tableau. Les trois paysages de M. Corot sont incontestablement parmi les meilleurs de l'exposition : *Vue de la campagne de Rome, Destruction de Sodome, Paysage avec figures.* Celui-ci est dans le salon carré. Il représente une sorte de concert champêtre, au milieu d'une nature harmonieuse et mélancolique. Quelques figures drapées avec fantaisie font de la musique, à l'ombre de grands arbres

mystérieux. Les compositions de M. Corot
rappellent involontairement les idylles antiques. Son talent modeste et solitaire le
porte à une rêverie touchante qui se réflé-
chit dans sa peinture. Il n'a jamais péché
par l'ambition d'un éclat pompeux. Ses figures ne font pas grand bruit dans ses paysages tranquilles. L'aspect est toujours extrêmement juste d'ensemble. Une lumière
douce, des demi-teintes bien ménagées,
enveloppent toute sa composition.

Il ne faut pas lui demander l'ardeur du
soleil d'Orient et ces ombres qui coupent la
terre; mais le vent du soir agite mollement
les branches élégantes de ses arbres et
caresse les cheveux de ses petits personnages. Dans son concert champêtre, il semble
que le son des instruments se mêle aux on-
dulations de l'air. Pendant qu'une femme
demi-nue touche les cordes d'un violoncelle,
une jeune fille étendue sur le gazon l'écoute

avec recueillement. Quelques autres figures sont éparses au second plan du paysage : *Fortunatos nimium agricolas.* Heureusement il n'y a pas de danger que la poésie agreste de M. Corot nous enlève à l'agitation de la société politique ; mais c'est un contraste avec nos mœurs contemporaines, analogue à la poésie du temps d'Auguste, moins l'épicuréisme d'Horace et l'Alexis de Virgile.

La *Destruction de Sodome* a tiré par hasard M. Corot de sa placidité habituelle. C'est une grande scène de désastre, où la terre et le ciel sont confondus. La tempête souffle sur la ville couleur de cendre ; les grands arbres sont dépouillés ; la désolation couvre la nature, et la famille de Loth s'enfuit au premier plan, poursuivie par un reflet livide. Ne regardez pas de trop près les figures de M. Corot ; elles sont balafrées de touches larges et brusques, qui sacrifient le détail microscopique à l'effet général. Cette manière incomplète a, du moins, le mérite de produire un ensemble harmonieux et une impression saisissante. Au lieu d'analyser un membre, vous éprouvez un sentiment.

M. Leleux possède aussi cette qualité de l'harmonie, si rare parmi nos peintres. Il n'importe pas absolument que la peinture soit montée au ton le plus élevé, pourvu que la dégradation des nuances soit juste et en accord avec la dominante. Le gris domine sans doute un peu la palette de M. Leleux, et lui impose le sacrifice des hauts éclats de la couleur. Mais il n'est pas donné à tout le monde de courir toutes les gammes, comme MM. Eugène Delacroix et Rousseau.

La *Posada espagnole*, de M. Adolphe Leleux, et quelques paysages de la Bretagne, avaient déjà révélé un artiste adroit et d'un sentiment distingué. Ses *Cantonniers na-*

varrais, couchés dans un site très-pittoresque, donnent bien l'idée de ces hommes
indomptés et de ce pays sauvage. Il n'y
manque qu'une lumière plus méridionale,
un ciel plus chaud. M. Leleux a voulu flatter
le soleil breton, qui n'en rougira pas moins
en approchant de l'Espagne voluptueuse.

Voici M. Diaz. Celui-là ne craint pas la
plus vive lumière. Ses tableaux ressemblent
à un monceau de pierreries. Le rouge, le
bleu, le vert, le jaune, tous les tons francs et
tous les tons combinés de mille manières,
jaillissent en rayons de chaque point de ses
tableaux; c'est comme un semis de feuilles
de coquelicots, de tulipes, de feuilles de
houx, de bouquets disséminés sous le soleil; c'est comme la palette capricieuse d'un
grand coloriste. Il est impossible d'avoir
plus d'audace et de mieux réussir. M. Diaz
a beaucoup étudié dans les coins les plus
vierges de la forêt de Fontainebleau. Il y a

saisi des effets d'automne qu'une nature
plus cultivée ne saurait offrir. Les arbres,
les terrains, les ombres de ses paysages,
ont des aspects étranges et très-poétiques.
La *Vue du bas Bréau* est une excellente
étude, tout à fait en dehors du sentiment
vulgaire. Il faut être un grand artiste pour
voir ainsi le paysage et pour le peindre avec
cette bravoure digne des maîtres espagnols.

Les Bohémiens se rendant à une fête sont
un peu inspirés par la *Descente de vaches
dans un ravin suisse,* de M. Rousseau. Tous
les amis de la belle peinture connaissent
cette œuvre singulière de Rousseau, qui
fut longtemps exposée chez M. Ary Scheffer, après avoir eu les honneurs d'un refus
au Salon. Le long d'une route escarpée,
couverte de sombres végétations, quelques
pâtres descendent avec leurs troupeaux dans
une plaine aux herbes gigantesques, où les
vaches plongent jusqu'au poitrail. M. Diaz,

empruntant le dessin général de cette composition poétique, en a changé le caractère pour la convenance de son sujet. Au lieu du mystère et de la solitude, il a animé son tableau d'une joie exubérante et d'une sorte de folie. Ses Bohémiens, diaprés de mille couleurs, avec des costumes de tous les pays, avec des tournures les plus diverses du monde, roulent jusqu'au bas du sentier. Quelques-uns se perdent dans les broussailles; mais les Bohémiens se retrouvent toujours, et ils ont trop d'ardeur pour manquer à la fête.

Un autre tableau de M. Diaz, l'*Orientale*, est aussi une réminiscence de M. Eugène Delacroix. A tant faire que d'imiter, on ne saurait mieux choisir ses modèles. L'*Orientale* représente l'intérieur d'un harem, où l'on voit rassemblées des femmes aux yeux veloutés, aux poses nonchalantes, aux riches ajustements. Cette fraîche oasis, cachéc au fond du sérail, est voilée d'une demi-teinte transparente, dans le même sentiment que la *Noce à Maroc*, de M. Eugène Delacroix. On aperçoit entre les arcades mauresques qui ouvrent sur les jardins, des fontaines limpides et des buissons de fleurs.

Le quatrième sujet exposé par M. Diaz, *le Maléfice*, nous paraît le plus original et le plus complet de ses tableaux. C'est une petite toile, grande comme la main, avec deux figures, au milieu d'un paysage fantastique. Une jeune fille, fraîche et radieuse, va droit devant elle au hasard, et sans doute enivrée par les parfums de l'air et des arbres. A son côté, l'une des sorcières de Macbeth, ou Méphistophélès grimé en vieille femme, lui souffle dans l'oreille je ne sais quels perfides conseils. La jeune fille cependant, inquiète et rêveuse, va toujours, écoutant les séductions de sa compagne.

L'allégorie est très-bien traduite et très-réelle. C'est un sujet charmant, souvent traité par les peintres, que cette personnification des pensées secrètes et des entraînements irrésistibles de la vie. Les maîtres italiens, et surtout les Bolonais, l'ont exprimé bien des fois, sous le motif d'Hercule entre le Vice et la Vertu. Les maîtres modernes, comme MM. Ary Scheffer et Delacroix, l'ont appelé Marguerite, à la suite de Goëthe. Le symbole est bien plus touchant et plus vrai dans la personne d'une femme. Il convenait d'enlever à Hercule cette couronne de rosière; il lui reste d'ailleurs assez de travaux, et, pour ma part, je préfère Marguerite l'ingénue, avec sa simple cotte de laine et sa collerette blanche, au grossier porte-massue, avec sa peau de lion.

M. Couture a, comme M. Diaz, de belles qualités de coloriste et de praticien. Son grand tableau, intitulé l'*Amour de l'or*, est fort remarqué des artistes et même de la foule. On admire, avec raison, cette lumière qui éclate sur les chairs, et la physionomie étrange des personnages. Un homme aux cheveux hérissés, aux joues creuses, au regard inquiet et fauve, défend son trésor contre les passions qui l'assaillent de toutes parts. Ses mains se crispent avec désespoir sur des pièces amoncelées. Résistera-t-il à cette belle femme demi-nue qui le provoque par ses rondes épaules et ses flancs potelés? Et la poésie qui l'attire et qui veut lui dicter le langage des dieux ! Plutus triomphera-t-il de tout l'antique Olympe? Notre homme paraît du 19ᵉ siècle, et l'on peut parier qu'Apollon sera vaincu.

Ce tableau est ordonné dans la manière des tableaux du Valentin et du Caravage. Les figures, de grandeur naturelle, sont coupées à mi-corps. Le talent de M. Cou-

ture se prête bien aux larges compositions.
Il a de l'ampleur et de la fougue. Il distribue
franchement l'ombre et la lumière. Peut-
être manque-t-il encore de la science positive qui attache solidement tous les membres d'une figure de haute proportion.

M. Couture est jeune, à ce qu'on dit. L'é-
tude et l'expérience peuvent lui donner,
avec le temps, cette certitude qu'on acqué-
rait autrefois dans les grandes écoles ita-
liennes par l'enseignement journalier des
maîtres, par de fortes traditions, et par des
méthodes infaillibles. Les peintres aujour-
d'hui sont malheureusement abandonnés à
leurs propres essais, et souvent ils recom-
mencent à leurs dépens et en pure perte,
des tentatives dont l'issue n'est pas douteuse. C'était là surtout l'excellence des
écoles du seizième siècle, de livrer aux jeunes artistes les secrets d'une pratique véri-
fiée par le génie. Après le noviciat de l'ate-

lier de Raphaël ou de Michel-Ange, il ne restait plus qu'à être poëte. Le praticien était formé.

M. Couture a encore exposé un portrait en pied, représentant un jeune homme debout, la main gauche appuyée sur la hanche. La tête est bien modelée, et les mains sont inondées de lumière. C'est une grasse peinture, qui laisse seulement désirer plus de distinction et plus de style. Le dessin de M. Couture est commun et sans accent décidé. La finesse de la tournure et l'élégance du style ne se gagnent, ,.élas! pas si facilement que la science du praticien.

III.

M. Marilhat a exposé quelques tableaux qui consolent un peu de l'absence de M. Decamps. Après le grand peintre des Turcs et des Arabes, c'est, en effet, M. Marilhat qui exprime le mieux la nature de l'Orient.

On se souvient du temps où M. Marilhat, arrivant des bords du Nil, rapportait, comme une curiosité qui valait bien un sphinx égyptien, son excellente vue de la *Place de l'Esbekieh* au Caire. Cette énigme singulière fut devinée du premier coup par les artistes, malgré l'épaisseur des ombres, le caractère hiéroglyphique des figures et l'étrangeté du paysage. M. Marilhat paraissait avoir oublié, depuis quelques années, ses impressions de voyageur, de poëte et de peintre. Le ciel de l'Occident étouffe sa couleur et son caprice. Aussi ses *Vues d'Auvergne* ne sont-elles pas comparables aux *Arabes Syriens en voyage* et au *Café sur une route de Syrie.*

La petite caravane d'Arabes voyageurs présente une procession de chameaux, d'hommes et de femmes, qui se découpent sur le ciel avec des profils très-accentués. Les terrains sont vigoureux, les figures spirituelles et la lumière très-vive. Le *Café sur une route de Syrie* est encore d'une qualité de peinture bien supérieure. Le premier plan, enveloppé d'ombre, où l'on remarque des chameaux qui se désaltèrent, rappelle l'épisode de la femme puisant à une fontaine, dans le *Joseph*, de M. Decamps. A gauche, au second plan, un homme monté sur un cha-

meau, saisit une branche d'arbre. Au milieu
de la scène, quelques groupes se dessinent
sur les murs blancs de l'hôtellerie. Le contraste de l'air éclatant et des demi-teintes
sombres est extrêmement juste. Et c'est là
le point difficile des tableaux en plein soleil.

M. Charles Muller s'est aussi préoccupé
presque exclusivement d'un effet de lumière,
dans son tableau de l'*Entrée de Jésus-Christ
à Jérusalem.* Mais la qualité de coloriste ne
suffit pas seule pour une image de cette importance. La pensée réfléchie doit précéder
l'exécution, surtout quand il s'agit de sujets
religieux ou de sujets historiques. Les Alle-
mands, qui sont plutôt de braves philoso-
phes que des peintres adroits, ont aujour-
d'hui, plus que les peintres français, cette
faculté que nos traditions nationales sem-
bleraient assurer à notre école. M. Muller a
peint sa fête religieuse comme il eût peint

une scène quelconque, une kermesse flamande, ou une course au Champ-de-Mars.
Il y a de la foule, du soleil et de la poussière,
de la couleur et du mouvement; mais le caractère historique de ce triomphe du prolé-
taire de Bethléem n'est marqué nulle part.
La grande figure de Jésus n'est point en relief comme il convient; elle se perd entre
les autres, et si ce n'était sa monture, on aurait peine à deviner le Christ. La dispropor-
tion des figures échelonnées aux divers
plans fausse partout la perspective, et la
grande femme couchée à gauche écrase les
autres groupes. Cependant plusieurs mor-
ceaux de peinture, par exemple les hommes
qui soulèvent les portes de Jérusalem et
ceux qui courent avec des palmes à la main,
sont vigoureusement exécutés; leurs atti-
tudes, leurs draperies, indiquent l'étude intelligente des maîtres vénitiens.

M. Glaize a, comme M. Muller, une incontestable facilité d'exécution; mais il jette trop vite ses images sur la toile. Pourquoi ne pas tourner sept fois le crayon blanc entre ses doigts avant d'arrêter définitivement l'ordonnance d'un grand tableau? On s'étonne toujours avec raison de voir dépenser cette richesse de pratique pour des motifs confus. Combien de peintres, combien de littérateurs, à qui peut-être il ne manque qu'une heure d'attention pour passer à la postérité! Mais l'inquiétude de la perfection est chose rare. Il n'est donné qu'aux génies du premier ordre d'être toujours mécontents de leurs œuvres. Michel-Ange répondait souvent aux éloges de ses admirateurs : « Si je n'avais consulté que ma conscience, je n'aurais jamais mis au jour ces statues imparfaites. Mon désir est toujours trompé quand ma statue sort du marbre, comme une femme qui s'élance hors du bain. Au travers de l'imagination comme au travers de l'onde, on rêve des formes élégantes et pures qui perdent leur beauté une fois sous le soleil. » Encore la peinture exige-t-elle moins de correction que la statuaire; mais ses images sont plus compliquées, ses personnages plus nombreux et ses moyens plus artificiels. C'est pourquoi le peintre a besoin d'une méditation sérieuse pour mettre en scène le drame qu'il a choisi.

Je sais bien qu'il n'importe guère, en résultat, qu'on arrive à une belle composition par une élaboration réfléchie ou par la spontanéité d'un génie naturel. Le procédé ne fait rien à la chose, pourvu que le théâtre soit bien construit et les personnages bien en relief, pourvu que l'œil et l'esprit soient satisfaits en même temps. Si vous avez la faculté d'enfanter sans gestation l'*École d'Athènes*, à la bonne heure. Mais le divin Raphaël lui-même était soumis à la loi commune de cette inquiétudeintellectuelle, qui ne trouve qu'après avoir cherché.

La qualité de la composition est si essentielle, qu'elle vient la première, même dans
le paysage; et c'est par elle que les maîtres
ont assuré la durée de leurs œuvres. On sent
cette qualité précieuse dans les grandes lignes du Poussin, du Guaspre et de leur école.
Car la nature a son unité, son ensemble, sa
physionomie , comme la société humaine.
Quand vous regardez un immense horizon,
ou le moindre paysage, vous n'avez pas un
tableau circonscrit devant les yeux, mais
les éléments d'un tableau. Le talent consiste
à encadrer un effet principal dans les accessoires. La vieille école classique en paysage
avait un mot qui, à la vérité, ne lui a pas
fait faire de chefs-d'œuvre , mais qui la re-
liait à la tradition des grandes écoles. Elle
disait : un paysage *composé*. Le motif le plus
simple prend en effet son importance du
bonheur de la composition.

Les Flamands et les Hollandais, ces artistes naïfs et modestes, lui doivent eux-
mêmes une partie de leur mérite. Ruysdael
n'était pas peut-être un philosophe bien
subtil, et le petit *Buisson*, qui est au Louvre, n'affiche pas l'étalage de la pensée.
C'est un triste bouquet de ronces et de
broussailles mal peignées, sur une petite
éminence; à gauche, la campagne s'étend
sur un fond de ciel gris; à droite, un sentier
lumineux conduit à une maisonnette. Mais
ce petit buisson, est-ce par hasard qu'il se
trouve là sur un trône de terrain pierreux
recouvert de mousse, en guise de velours
et de clous dorés? Suivant moi, le *Buisson*
de Ruysdael ressemble à la statue mélancolique du Laurent de Médicis, de Michel-
Ange, laquelle ornait le tombeau de Jules II,
et est appelée en Italie *le Penseur*. Le guer-
rier, fatigué de la vie, est replié sur lui-
même; ses reins sont recourbés en arc; son

coude repose sur la cuisse, et la main supporte la tête inclinée. Le petit buisson, harassé par la tempête qui fouette ses membres et qui courbe son front, se repose aussi des agitations de la nature. Ses feuilles retombent sur ses branches désolées, et il paraît gémir dans sa solitude.

S'il y a tant de composition et de sentiment dans un petit coin de campagne sauvage, qu'est-ce donc qu'un tableau de Raphaël ou du Poussin? Le Poussin, si sobre dans ses tableaux, si sûr de lui-même, il faut voir avec quelle persévérance il étudiait ses compositions. Il y a peut-être cent croquis du Poussin sur le sujet de *Moïse sauvé des eaux*, pour trois ou quatre peintures qu'il exécuta. Et quels singuliers dessins, à la plume ou au crayon, aussi rapides, aussi fugitifs, aussi vagues, que la peinture est calme et correcte ! Ce sont les élans de l'es-

prit tourmenté par la recherche de la perfection.

Les peintres les plus spontanés ont eu
souvent, tout comme les autres, cette inquiétude. Le *Naufrage de la Méduse* ne brille
pas par l'ordonnance, qu'on a justement
critiquée de mille façons. Et cependant,
combien Géricault n'a-t-il pas fait d'esquisses de la *Méduse!* M. Ary Scheffer en pos-
sédait plus d'une douzaine, sans compter
celles de M. Etienne Arago, de M. Marcille
et de plusieurs autres amateurs. On en re-
marquait une surtout, bien caractéristique
et bien intéressante pour expliquer l'ardeur
de Géricault. Sur la marge d'une grande
étude de sujet différent, se trouve un petit
croquis du radeau, que le peintre a jeté là
comme une nouvelle image qui lui sautait
aux yeux.

Et Robert, que d'ébauches préliminaires
pour ses tableaux de prédilection! N'a-t-il

pas changé dix fois l'ordonnance de ses *Pêcheurs de l'Adriatique?* M. Marcotte a les principales esquisses, à la plume ou à l'huile. On y voit les transitions du génie de l'artiste qui s'arrêta enfin sur un chef-d'œuvre.

Il y a un homme qui jouit d'une réputation européenne, avec un talent sans poésie véritable, sans inspiration et sans style, c'est l'auteur de *Jane Grey* et de tous ces drames bien conçus, sinon bien exécutés, dont la foule s'est enthousiasmée aux expositions. A quoi M. Paul Delaroche doit-il ce succès, en partie légitime? A l'ordonnance générale du sujet, à l'adroit arrangement du tableau.

Quelle fut la cause du succès de M. Winterhalter dans le *Décaméron*, de M. Papety dans le *Rêve de bonheur?* Presque uniquement la composition.

Nos jeunes improvisateurs négligent mal-

5.

heureusement cette qualité primordiale de l'art. C'est le défaut commun à M. Glaize, à M. Muller, et à bien d'autres, qui ont peut-être plus d'habileté d'exécution que MM. Delaroche, Winterhalter ou Papety. Dans la *Sainte Élisabeth de Hongrie*, par M. Glaize, la première figure qui vous frappe, c'est une grande paysanne, vue de dos et portant des fruits et des légumes, comme une Flamande d'un *marché* de Jordaens. Mais la princesse de Hongrie qui va mendier entourée de ses enfants, elle n'apparaît qu'après la paysanne, pour laquelle M. Glaize a prodigué toute la hardiesse de sa brosse, toute la vérité de sa couleur.

Dans un sujet moins ambitieux, M. Lemud manifeste un sentiment exquis et la poésie la plus touchante. Son élégie, intitulée *les Hirondelles*, représente un prisonnier demi-nu, assis sur la pierre d'un cachot et collant son visage aux barreaux de fer, pour

apercevoir un coin du ciel. Une petite hi-
rondelle passe comme un trait dans l'air,
comme l'espérance fugitive au cœur du
captif. Le talent de M. Lemud a beaucoup
de distinction, mais son exécution est un
peu débile. M. Lemud n'a guère fait jusqu'ici que d'excellentes lithographies, et le
peintre est à son début. On peut espérer
qu'avec l'étude, le praticien secondera le
poëte.

M. Antoine Étex, le sculpteur, débute
aussi dans la peinture. Son *Martyre de saint
Sébastien* a des qualités et des défauts qu'on
ne supposerait jamais à un statuaire. Le
corps du saint, présenté d'une façon originale, est mou et mal attaché; l'anatomie
manque de fermeté et de précision. Au contraire, l'effet de paysage, les figures qui ac-
courent dans le fond du tableau, l'harmonie
de la couleur, sont dignes d'un peintre très-
exercé et très-heureusement doué. M. Etex

s'est peut-être trompé dans sa vocation. Son premier tableau vaut certainement mieux que sa dernière sculpture.

Parmi les peintres nouveaux, dont le nom n'est pas encore familier au public, on remarque M. Victor Robert, l'auteur de *la Peste du Velay en* 1586 ; M. Dan. Casey, qui annonce de grandes qualités d'exécution, et dont le tableau exposé l'année dernière a déjà laissé un bon souvenir ; M. Millet, l'auteur d'une petite esquisse dans le sentiment de Boucher, et d'un grand pastel très-harmonieux ; M. Brun, qui a fait un charmant petit tableau d'intérieur ; M. Guillemin, l'auteur de *la Consolation,* scène de famille, où un vieux paysan pleure son enfant mort ; plusieurs jeunes paysagistes, comme MM. Charles Leroux, Thierry, Collignon, Teytaud, Gaspard Lacroix, qui expose depuis plusieurs années, et bien d'autres encore ; enfin M. Armand Leleux, dont *les Laveuses*

à la fontaine valent presque *les Cantonniers*,
de son frère, M. Adolphe Leleux. Ces char-
mantes laveuses montrent des formes très-
attrayantes, et l'on conçoit bien que le
voyageur à cheval se retourne pour les admirer, avant de s'enfoncer dans le sombre chemin du bois. Les figures sont très-coquettes,
les physionomies très-fines, le paysage très-
mystérieux. Il n'y a guère au Salon de
meilleur tableau de genre que ces *Laveuses*,
et voilà un pied de toile mieux employé que
les trente pieds de *la Fédération*, de M. Couder.

La peinture ne se mesure pas à l'aune.
Vous regardez un tableau par le gros bout
d'une lorgnette, ou par l'autre bout, n'est-
ce pas le même tableau ? La dimension générale est seule changée, car les proportions
relatives ne varient pas. C'est pourquoi une
petite composition offre autant de difficultés
qu'une grande, et même elle met souvent

en évidence des défauts inaperçus dans des œuvres plus étendues. M. Papety a pu tromper sur ses qualités d'artiste le public et une partie de la critique, lorsqu'il exposa, l'année dernière, son grand papier peint, intitulé : *le Bonheur*, avec des figures empruntées à tout le monde, à Léopold Robert, à M. Winterhalter, à M. Ingres, avec une exécution sèche, une lumière fausse, une couleur criarde, un dessin lourd et commun, quoique très-prétentieux. Et voilà que le petit tableau de l'exposition actuelle, la *Tentation de saint Hilarion*, prouve l'impuissance du peintre qui avait su jeter du prestige dans une vaste scène. M. Papety flatte le goût vulgaire, au lieu d'imposer son sentiment d'artiste. Il ressemble aux journalistes qui se mettent à la suite de l'opinion, au lieu d'éclairer la conscience générale. Les journalistes doivent être meilleurs politiques que les marchands; c'est leur état, et les études de toute leur vie sont censées leur ouvrir l'intelligence du monde social. De même, par nature et par éducation, le véritable artiste a des impressions toutes personnelles et le privilége d'exprimer son sentiment dans une forme distinguée.

La *Tentation de saint Hilarion* place M. Papety au dégré de M. Schopin et de M. Gué, un peu au-dessous de M. Jacquand, si c'est possible. Malgré son instinct poéti-que, ce jeune artiste est-il destiné à tomber dans les *Bouquetières*, comme M. Court, qui cependant avait fait des études bien plus solides que les lauréats actuels de l'école de Rome ? En songeant au premier tableau de M. Papety, où l'on voulut reconnaître un grand peintre, on dira : C'est de l'auteur du *Rêve de bonheur*. Quel malheur et quel rêve !

Il y a deux figures dans cette Tentation: le saint qui tombe à la renverse et la femme qui montre ses flancs. Les femmes un peu indécentes réussissent toujours. Le goût revient à la chair, comme au dix-huitième siècle, au temps où Diderot, fatigué des nudités aphrodisiaques exposées au Salon, demandait grâce pour la vertu publique. Ce n'est pas que Diderot voulût proscrire de l'art les femmes nues et la statuaire grecque. La convenance et la pudeur peuvent se montrer sans voile. La Vénus de Milo est plus décente que les vierges embéguinées des peintres fashionables.

La Tentatrice de M. Papety a donc beaucoup d'attrait pour la foule, qui ne se pique pas d'un sentiment très-fin sur la beauté. Il suffit qu'on ait déshabillé le modèle. Les formes sont molles et sans accent, les lignes sans élégance et sans précision, la couleur de plâtre et de fard, l'exécution faible et ronde. Qu'importe? Le sujet et une certaine disposition dramatique satisfont le public. On s'arrête devant la *Tentation* comme devant les épisodes des *Mystères de Paris*, par M. Schopin, devant un intérieur d'atelier où posent deux modèles de femmes, devant quelques têtes de grisettes coquettement tournées, ou devant les caricatures de M. Biard.

Que de talents qui n'ont pas réalisé les espérances légèrement conçues par une critique aveugle et par des amateurs ignorants! Que de royautés déchues! Combien d'artistes habitués à la flatterie ne recueillent plus que l'indifférence ou le sarcasme! La décadence de M. Court est une des plus tristes. On ne saurait imaginer un plus ridicule tableau que *le Duc d'Orléans posant la première pierre du pont-canal d'Agen*. Et M. Alexandre Hesse, dont le *Titien* fut proclamé presque un chef-d'œuvre! et M. Wickenberg, qu'on a mis à la hauteur des maîtres flamands et hollandais! Allez voir les œuvres misérables de ces célébrités avortées!

C'est surtout dans l'histoire du paysage que le Salon présente un enseignement curieux. Il y a quatre générations de paysagistes qui, tour à tour, ont eu la prétention d'enlever le soleil aux gloires précédentes. M. Bidault, de l'Institut, avait quelque motif de se croire supérieur à Boucher et à Watteau, de toute la distance qui sépare Napoléon de la Dubarry. L'illustre M. Bidault eut cependant son Waterloo, et comme l'empereur, il monta sur le rocher de Sainte-Hélène. M. Watelet lui succéda; puis M. Jolivard. Hélas! ceux-ci eurent aussi leur Révolution de Juillet, et la branche cadette des Lapito gouverne aujourd'hui le royaume de la nature, tandis que ces monarques décoronnés errent comme des fantômes autour de leurs œuvres désertées. Et les générations nouvelles ne donnent pas même un regret ou un souvenir pour consolation à ces grandes infortunes.

IV.

Le portrait n'est pas œuvre facile par ce temps-ci. Lorsque le Titien peignait l'aristocratie du seizième siècle, lorsqu'il avait sous le regard la tête de lion fauve de l'empereur Charles-Quint, ou la tête de sanglier de François Iᵉʳ, le caractère de ses personnages s'imprimait dans sa forte peinture. Les grandes époques font les grands artistes. Un homme supérieur trouve toujours un peintre digne de lui. Le génie inspire le génie. Luther eut Albert Durer, Henri VIII, Holbein; les Médicis eurent

Michel-Ange. Le dix-neuvième siècle n'a produit peut-être qu'un beau portrait ; c'est la tête d'aigle, de Napoléon, par Gros.

Depuis l'empereur, cherchez les portraits dignes de la postérité. Ce n'est pas celui de Charles X, par Robert Lefebvre. Et tous les héros de la Restauration, où sont leurs portraits ? Et tous ces bourgeois qui s'étalent partout depuis quatorze ans, que deviendront leurs images vulgaires ? A part quelques portraits de M. Ingres, le portrait de George Sand et deux ou trois figures célèbres, pour représenter les hommes de notre temps devant l'avenir il restera seulement toutes ces faces bouffies, sans forme, sans accent et sans nom, qui recouvrent chaque année, au vieux Louvre, les images robustes des hommes de la Renaissance, les élégants portraits de Van-Dyck ou les splendides portraits du siècle de Louis XIV.

Il se pourrait bien que la race eût dégé-

néré. Il est certain, du moins, que la peinture est en décadence ; car les grands peintres
ont souvent fait de beaux portraits avec des
types abâtardis. Vélasquez a peint plusieurs
chefs-d'œuvre avec la figure de Philippe IV,
ce successeur débile des Charles-Quint et
des Philippe II. Charles Iᵉʳ d'Angleterre est
une pâle figure, bien effacée, et cependant
quel magnifique tableau que le Charles Iᵉʳ
de Van-Dyck !

La tête humaine a, d'ailleurs, toujours
un caractère profond et une signification
intéressante pour les artistes bien doués. Il
ne s'agit que de voir l'oiseau au travers de
la cage. Si l'esprit s'envole quelquefois et
laisse sa prison vide, la porte n'est point
close derrière lui sans retour. La porte de
l'esprit ne se ferme point en dehors, pour
imiter le mot du poëte. L'oiseau qui brille
et qui chante dans le cerveau de l'homme
ne brise jamais le cordon qui attache sa

6.

patte aux barreaux. Le talent de l'artiste, au regard du portrait, est de choisir le moment où l'esprit intérieur s'agite et resplendit.

Aussi les grands maîtres ont-ils laissé des portraits sublimes de personnages inconnus. Qui est le Vénitien superbe qu'on appelle l'*Homme au gant*, du Titien? Quel est cet autre, peint par le Tintoret, et placé au Louvre, en pendant au portrait du Titien? Il a la tête carrée, les traits énergiques, l'œil franc, la barbe rousse, la main fermement posée sur la hanche; c'est, à coup sûr, un homme d'action. Et les deux charmants poëtes sans nom, où Raphaël a mis toute son idéalité : l'un a quelques nuages au front, qui descendent sur ses paupières, la narine mobile, les coins de la bouche retroussés. On pourrait le nommer la Mélancolie. L'autre représente la tendre rêverie de l'adolescence. Le doux ovale de son visage repose sur sa petite main délicate. Ses cheveux blonds et sa peau satinée sont en harmonie avec ses yeux couleur de ciel. L'arc de sa bouche est fin et tranquille. C'est Chérubin dans un accès de sentiment.

On ne fait pas un homme avec un nez plus ou moins bien placé au milieu du visage, avec un habit neuf et un jabot empesé, mais avec un caractère, une passion quelconque, une intelligence et une volonté. Chaque époque a sa physionomie et chaque individu porte des traits distinctifs. L'air de famille n'obscurcit jamais complétement le signe de la personnalité. Est-ce que vous ne reconnaissez pas les frères du même sang, malgré les analogies les plus accusées? On est toujours soi d'abord, de même qu'on est toujours le fils de quelqu'un, comme disait Brid'Oison.

Sans doute, les signes particuliers aux hommes de notre temps s'éloignent du haut style. Les préoccupations actuelles ne sont pas de nature à donner au visage un aspect héroïque. Aussi, quelle vulgarité! Mais cependant, pourquoi toutes ces femmes et tous ces hommes se ressemblent-ils? C'est la faute des peintres, assurément, non moins que la faute de leurs modèles.

Il y a toutefois quelques portraits distingués au milieu de cette foule d'images inertes. Le portrait de la princesse Beljoioso, par M. Lehmann, attire les yeux par son étrangeté. C'est une peinture qui a de grandes qualités et de grands défauts. L'auteur n'est pas un homme vulgaire. Il voit la nature au travers d'un nuage un peu confus, et comme une apparition fantastique. On dirait qu'il a saisi cette poétique figure par un clair de lune et dans la réflexion d'une glace. La lumière du soleil modèle plus fermement les corps. Prenons donc le portrait de M. Lehmann comme un effet de lune et comme un rêve d'artiste. Les autres

peintres n'y voient, d'ailleurs, pas si clair
en plein jour et bien éveillés.

Nous nous sommes arrêté, un dimanche,
devant le portrait de Mᵐᵉ Beljoioso; il n'est
sorte d'injures que le public grossier n'ait
adressées à cette ombre. On ne lui par-
donne pas d'être frêle et verte, tranquille,
simple et mélancolique. Jordaens aurait un
grand succès aujourd'hui. Le public aime
la chair fraîche et l'embonpoint. Les femmes de Jordaens et de Rubens sont esti-
mables assurément. La santé, l'exubérance,
l'animation, c'est presque la beauté. C'est
la beauté même, dans la peinture de Rubens. Quelle puissance, quel entrain, quelle
joie luxuriante, quelle abondance, quelle
richesse de vie, quel éclat de lumière!
N'ayez pas peur que nous retombions dans
l'ascétisme après cette glorieuse apothéose
de la nature.

Cependant, Rubens n'est pas le seul poëte

de la beauté. L'art grec, si pur, si correct et si calme, l'art chrétien, si mystique et si rêveur, n'ont-ils pas exprimé des formes et des sentiments qui méritent à jamais l'admiration des hommes? Le véritable caractère de la Renaissance au seizième siècle, fut justement d'admettre toutes les beautés dans le panthéon moderne, tous les styles dans une langue universelle. La variété remplaça l'uniformité. Michel-Ange, Raphaël, André del Sarte, Léonard de Vinci, Corrège, Titien, puis Velasquez et Murillo, Rubens et Van-Dyck, Rembrandt et Terburg, Poussin et Lesueur, ne furent-ils pas les interprètes divers de la création?

Il y a une certaine beauté qui est dans la distinction, dans l'élégance et même dans la faiblesse. Hercule est un fort bel homme au goût du public; mais les Apollons de la statuaire grecque ont plus de finesse et plus de charme. L'*Arlésienne*, de M. Hesse, les

Jardinières, de M. Court, sont fermes et bien portantes; mais j'aime encore mieux la peinture maladive de M. Lehmann, soit dit sans comparaison avec la statuaire antique. Il y a, du reste, dans le portrait de la princesse Beljoioso deux mains exquises de dessin, et d'une adorable couleur de perle. Le public du dimanche n'a jamais compris ces mains-là.

Un autre portrait fort remarquable, c'est encore un portrait de femme par M. Pérignon, nº 1413. Il est placé dans le grand salon, au-dessus de la porte de la galerie. Le mérite de cette peinture est à l'opposé de la peinture de M. Lehmann. M. Pérignon est arrivé à une réalité extraordinaire, un peu commune, mais saisissante. Sa jeune fille est debout, à mi-corps et presque de face. Elle porte une simple robe de soie rayée, et se dessine sur un fond uni, de couleur neutre. La tête, ornée de cheveux noirs on-

duleux, est fermement modelée et se dé-
tache dans l'air. Comment l'auteur de cette
image si naturelle a-t-il pu faire les deux
autres portraits signés de son nom?

Un peu à droite, aussi dans le grand salon, est le portrait de M. Dubois, par
M. Gallait. Sans charlatanisme, sans accessoires multicolores, M. Gallait a très-bien
rendu son modèle. Le visage seul est éclairé,
et le buste se perd dans l'ombre. C'était la
manière la plus habituelle aux maîtres italiens. C'est le procédé qu'a suivi M. Jeanron
dans le vigoureux portrait de M. Mala. A
quoi bon le luxe et les falbalas, à moins de
peindre comme Van-Dyck? Nous conseillons
cette sobriété aux artistes contemporains.

M. Henry Scheffer ne recherche point
non plus la richesse des entourages; mais
sa modération va jusqu'à la sécheresse. On
a beaucoup loué ses premiers portraits. Ceux
de M. de Rambuteau et de M. Jourdan n'ex-

citent plus la même approbation, quoiqu'ils soient exécutés dans le même système. Il est difficile d'être plus aride, plus maigre et plus froid. M. de Rambuteau a l'air fort contrit dans cette grise peinture. Ses mains communes se croisent au bout des bras pendants. Le gant du Titien vaut mieux que les deux mains du portrait de M. Henry Scheffer.

Quelle assemblée de hauts personnages qui se sont donné rendez-vous au grand salon! Voici le Chancelier de France, par M. Horace Vernet. Je conviens qu'il n'est pas fait à peindre, avec sa belle simarre amarante et violette et sa toque jaune d'œuf. Le plus habile tour de force d'un grand coloriste n'irait pas jusqu'à marier ces vilaines nuances disparates. M. Horace Vernet s'est contenté d'enlever la perruque jaune qui compliquait l'accord avec le bonnet; mais il a laissé la tête naturelle et la robe d'apparat. Impossible d'harmoniser les fonds

7

avec le violet faux et luisant. Je suppose que le peintre aura essayé bien des accessoires, avant d'imaginer son fameux bureau d'acajou, couleur chocolat.

Le portrait du duc de Nemours, par M. Winterhalter, est d'une exécution facile et trop lâchée. La pose rappelle le portrait du duc d'Orléans par M. Ingres. La main droite tient le chapeau à plumes, et le bras gauche s'appuie sur la hanche. Par malheur, il est si mal attaché à l'épaule qu'il paraît avoir quitté le corps. La tête est tout à fait disproportionnée à la taille. Un prince n'a pas besoin de si longues jambes pour être assis sur un trône. Ce n'est pas la botte bien vernie, mais la tête bien intelligente, qui fait l'homme.

Plusieurs artistes ont exposé des portraits du duc d'Orléans. Les portraits équestres, par MM. Alfred Dedreux et de Lansac, paraissent destinés au musée de

Versailles. Le premier est lestement peint,
avec une certaine élégance et avec une
grande habitude du cheval. Le personnage
est un peu sacrifié à sa monture; cependant
il est bien campé, quoique trop en arrière
sur la selle. La tête, vue presque de profil,
est très-ressemblante. Les chevaux de la
suite, qui piaffent dans la poussière, montrent toute l'adresse de M. Alfred Dedreux,
bien supérieur ici à M. de Lansac. La composition du portrait de M. de Lansac n'est
pas heureuse. Un cavalier de face est difficile
à modeler sur la toile.

M. Dedreux a encore au Salon un autre
portrait équestre et de grandeur naturelle.
Une jeune fille est montée sur un poney
gris de fer. Son grand chien de Terre-Neuve
est couché aux pieds du cheval, dont le poil
lustré brille de reflets capricieux. M. Alfred
Dedreux mérite une couronne du Jockey's
Club, surtout pour son cheval abandonné

sur un champ de bataille, tout sanglant et
poussant vers le ciel son dernier soupir.

Après les portraits de princes, viennent
les portraits officiels des maréchaux de
France, des grands dignitaires, des pairs
ou députés. M. Rouillard, qui passait autrefois pour un bon peintre, a couvert de décorations un personnage quelconque, la
perruque de couleur hasardée; M. Guignet
a habillé en papier la fille de Lucien Bona-
parte et quelques duchesses; M. Court a peint
un Polonais en grand costume; M. Dubufe,
une marquise en velours; M. Champmartin,
un monsieur jaune qui n'est pas beau;
M. Boissard s'est déguisé lui-même en Turc;
M. Ravergie a déguisé Mme Guyon en Étrus-
que; M. Alophe, une charmante femme
en Espagnole. M. Louis Boulanger, qui a
déjà peint plusieurs beaux portraits, celui
de Mme Hugo et celui de M. Borel, entre autres, a exposé cette année deux portraits de

femme, Mlle C. et Mme Bonnias. Mlle C. a les
bras nus, blancs et potelés, et les cheveux
d'une couleur très-particulière. Mme Bonnias
est représentée debout et presque de profil;
elle porte une robe lilas tendre, qui s'harmo-
nise avec le fond de ciel. Son visage est
noble, calme et intelligent.

Dans les pastels on remarque un portrait
de femme, de grandeur naturelle et jusqu'au genou, par M. Antonin Moyne, le
sculpteur. Il y a longtemps que M. Moyne
fait de gracieux pastels, des aquarelles et
même de la peinture. Son talent, fin, élégant et souple, se retrouve partout, dans
une robe diaprée de mille crayons, comme
dans la dentelle ciselée d'un bénitier.

Mais quelle est cette charmante jeune fille
qui sourit au-dessous du pastel de M. Moyne?
C'est Margaïta Blatter, la fille du maître de
poste d'Unterseen, canton de Berne. Voilà
un canton bien heureux de posséder cette

jolie fille. Cela vaut la peine de faire le voyage exprès. On verrait encore les montagnes et les lacs par-dessus le marché. Margaïta Blatter est fraîche et proprette comme son prénom, Marguerite, fine et lisse comme une feuille de rose. Elle a l'œil bleu clair, l'ovale pur et la peau ferme. Oh! la belle jeune fille, innocente comme l'aquarelle naïve qui nous fait connaître cette merveille d'Unterseen.

Nous avons encore de vigoureux pastels de M. Tourneux, une *Bohémienne accroupie*, et un autre portrait. Nous avons, dans les miniatures, Mme de Mirbel qui se répète un peu, et M. Carrier qui fait des portraits en pied, tout simplement comme s'il peignait à l'huile et sur toile. M. Carrier sort de la meilleure école. Il fut élève de Gros et ami de Prud'hon.

C'est tout, avec cependant encore le portrait de Cherubini, lithographié par M. Sudre, d'après M. Ingres; tous les portraits de la famille royale, plus ou moins bien gravés, d'après M. Winterhalter; une série d'excellentes études de portraits à la mine de plomb et destinés à la gravure par M. Mercuri; et cinq cents autres portraits que nous n'avons point vus, faute de patience, de courage et de curiosité.

M. Mercuri a beaucoup de style et de force. On se rappelle les *Moissonneurs* publiés dans l'*Artiste*. Ces portraits à la mine de plomb sont d'un grand caractère; ils ont plus de couleur et de liberté que les gravures de l'auteur : c'est ce qui arrive souvent aux maîtres. Si le dessin d'après nature n'a pas toute la correction de l'œuvre longtemps travaillée, il a, d'ordinaire, plus de verve et plus d'accent.

V.

Il n'y a rien qui aille mieux aux branches du pommier que les pommes. Les plus
belles oranges n'y feraient pas si bien. Il
n'y a rien qui aille mieux à la femme que
l'enfant. Son fruit naturel la pare plus ri-
chement que les pierreries arrachées au
sein de la terre. Le plus beau collier pour
un homme, ce sont les deux bras d'une
femme aimée et qui vous aime. Le bijou le
plus précieux pour la femme, c'est aussi
l'enfant qu'elle porte à son sein.

Femme et enfant, mère et fils, Vierge et

Jésus, la Charité, la Fécondité, la Maternité, quels chefs-d'œuvre on a faits avec ce
symbole et cette image! Tout le Moyen
Age s'en inspira. Du huitième au seizième
siècle, l'art chrétien se résume presque
dans la Vierge et l'Enfant. A la Renaissance,
c'est encore la femme mère et pure qu'aima
le génie de Raphël. Le plus magnifique
André del Sarte, c'est la *Charité* du Musée,
cette puissante nourrice, avec des grappes
d'enfants qui pendent à son col, à son
sein, à ses flancs, à ses bras. Chacun
des nobles artistes du Moyen Age et de
la Renaissance a fait sa Madone à l'Enfant, et ce fut toujours, jusqu'au dix-
huitième siècle, le sujet affectionné des
maîtres, dans toutes les écoles, autour du
Titien, autour des Carrache, de Rubens ou
de Murillo et de tous les autres,

On n'a jamais remarqué que l'art grec
n'offre nulle part la mère avec l'enfant.

Cherchez dans votre mémoire quelque statue, quelque groupe, quelque bas-relief,
dans tous les ouvrages grecs ou romains,
qui présente la femme et son fruit, qui indique cet attachement et cette solidarité
des deux êtres. Dans le paganisme antique,
chaque individu était séparé de l'espèce,
comme chaque peuple était circonscrit au
milieu des autres peuples étrangers, *hostes.*
Quand on sculptait des enfants, on les faisait seuls comme les grands et occupés à une
action indépendante. C'est *l'Enfant à l'oie,*
c'est Cupidon aiguisant ses flèches. Dans
l'art grec il semblerait que l'enfant vient
par hasard et sans lien avec ses semblables.
Si l'on trouve peut-être quelque enfant dans
un groupe, c'est un petit Bacchus entre les
nymphes, comme le Moïse juif entre les
filles du Pharaon; un enfant d'occasion
qui est là on ne sait comment. La recherche
de la maternité est interdite. Chose sin-

gulière : les dieux païens ont souvent plusieurs mères. La maternité a si peu d'importance dans le monde antique, qu'on la laisse douteuse. Quelle est la mère de Bacchus ?

Bien plus : cherchons encore s'il n'y aurait pas d'exemple d'un enfant lié à quelque autre figure. Oui, il y en a un exemple dans l'art grec et dans une des belles statues de l'art grec : il y a le *Faune à l'enfant*, un homme tenant un enfant entre ses deux mains. Cette idée-là ne viendrait jamais à un moderne. L'enfant doit être attaché à la mère comme le fruit à la branche. Un enfant dans les bras d'un homme, c'est comme un fruit ramassé par terre et recueilli dans un panier. Et le porte-enfant grec n'est même pas un homme, c'est une création mixte qui a sur l'échine les traces velues de l'animalité. Quel mépris de l'enfance et quel mépris de la femme !

Et chez les Romains, il y a aussi une naissance, un allaitement et une éducation, sculptés sur les monuments, sur le marbre, sur la pierre, sur les médailles : c'est la naissance de Romulus et de Rémus. La mère, la nourrice, est une louve !

La remarque est singulière et nouvelle, et valait la peine qu'on la fît. La femme n'est rien dans l'art de ces belles civilisations. Elle n'est rien comme mère et comme épouse, comme créature douée d'intelligence et de sentiment. Elle n'existe qu'à l'état de Vénus, c'est-à-dire de volupté. Si l'on cite les Amours qui accompagnent quelquefois la Vénus païenne, on ne prendra pas sans doute l'Amour pour le fils de Vénus. C'est son attribut et non son fruit. Elle est censée créée par et pour l'amour, plutôt qu'elle n'engendre l'amour.

Le véritable amour n'est pas plus indiqué dans l'art païen que la maternité. Cherchez encore si vous ne trouverez point dans la statuaire grecque un groupe d'homme et de femme, d'époux et d'épouse. La solidarité existe d'homme à homme, jamais d'homme à femme, non plus que de femme à enfant. Vous avez le beau groupe de *Castor et Pollux*. Il y a des amis, point d'amants. « Quant au véritable amour, dit sé- « rieusement Plutarque, la femme y est « complétement étrangère. »

Il manque donc bien des choses à l'art grec, relativement à nos idées modernes. Il ne lui manque rien comme forme et comme exécution, assurément. Une certaine conception de la vie étant donnée, il l'a exprimée avec une supériorité victorieuse, et l'art d'aucun autre temps n'a atteint cette perfection. Mais cependant l'âme humaine se développe et inspire à l'art de nouvelles conceptions.

La période grecque et romaine n'a pas

dans l'histoire universelle l'importance exa-
gérée et presque exclusive qu'on a voulu
lui attribuer. C'est une fleur magnifique
qui s'est épanouie sur une branche capricieuse du grand arbre de la tradition humaine. L'arbre de la civilisation est planté
plus loin en Orient, dans l'Egypte et dans
l'Inde; et il semble que les rameaux du
monde moderne en sortent plus directement. L'art égyptien, par exemple, comme
l'art indien, présente le type de la génération immortelle des hommes, dans la figure
d'Isis et d'Horus. Voilà la mère et l'enfant.
Voilà le germe de la famille et la solidarité
humaine.

Le christianisme doit sans doute sa puissance historique et son intérêt archéolo-
gique à cette nouvelle expression de la vie.
Outre ce type de la Vierge-Mère, le christianisme a encore introduit dans l'art un
sujet retourné de toutes les façons. C'est la

Sainte Famille. Il ne suffit pas de lier l'enfant à la femme, il faut lier la femme et l'enfant à l'homme. Cette trinité indissoluble, c'est l'humanité entière. L'art chrétien a donc affectionné, par-dessus tout, le sujet de la Sainte Famille. Mais sa famille est encore fausse et incomplète : où est le père et l'époux? Voici le tuteur officieux et dévoué; mais saint Joseph n'est pas le patron des maris. La femme mystique du christianisme n'a qu'un époux mystique et invisible. Le christianisme n'a pas incarné l'ange Gabriel et le Saint-Esprit. La femme et l'enfant sont divinisés, mais l'homme ne partage point leur céleste nature. Je sais bien que le christianisme, voulant glorifier la femme, a dû laisser dans l'ombre et subalterniser l'ancien dominateur. Mais il serait plus philosophique de réhabiliter Joseph à son tour et de le mettre sur le même plan que la femme, dans la même lumière. Le

charpentier de Bethléem quittera un jour
sa figure rébarbative et ses sombres vête-
ments pour prendre la jeunesse et l'élégance, et les draperies radieuses de Gabriel.
Il y a une famille plus poétique que celle
du christianisme, c'est la Sainte Famille de
l'Humanité, égale et solidaire.

Il manque donc aussi quelque chose à
la pensée du christianisme, au point de vue
de l'art et de la poésie. L'avenir peut donc
espérer un art de plus en plus complet, ex-
pressif et religieux, à mesure que le sentiment de la vie et l'inspiration de la vérité
se développeront dans les sociétés modernes. Ainsi la forme n'est pas tout dans l'art.
Le principe de l'art, c'est l'idéal, le sentiment et l'invention.

Une foule d'artistes ont exposé des Vierges et des Saintes Familles. Il y a pourtant
beaucoup moins de sujets religieux que les
années précédentes. L'inspiration catholi-

que s'en va, malgré les sermons et les jé-
suites. Les peintres font des Vierges comme
ils feraient des Rigolettes. Il n'est pas rare
de trouver dans le livret, au nom du même
artiste : 1° la Sainte Vierge; 2° Intérieur d'é-
curie; ou bien : 1° Tête de Christ; 2° Portrait d'un colonel de hussards. Les peintres
ne se mettent plus en prière avant d'évoquer l'image de la Vierge, comme Angelico
de Fiesole; on ne les trouve plus baignés
de larmes devant leur chevalet, comme
Louis de Vargas, et ils ne se condamne-
raient pas volontiers, comme le divin Mo-
ralès, à ne jamais peindre que les deux types
de la Vierge et du Christ. Ce n'est pas la
vocation, mais le hasard ou l'argent qui dé-
cident le sujet.

La *Notre-Dame des Neiges*, de M. Ziégler,
est une charmante mère avec son petit enfant. Elle baisse ses tendres paupières et le
caresse coquettement. Ses cheveux crépés

en bandeau sont recouverts d'un voile flottant. La tête de la mère est très-fine, et la tête de l'enfant pleine d'intelligence. De Vierge, il n'y en a point ; mais il y a une femme belle et distinguée, et cela nous suffit par le temps qui court. On pourrait reprendre le modelé de la tête de l'enfant et le dessin des pieds, qui sont ronds et communs ; mais l'arrangement du groupe, le calme de la pose et le charme de la physionomie, compensent ces imperfections.

M. Ziégler, qui a déjà fait tant de grandes peintures, sans parler même de l'hémicycle de la Madeleine, paraît aujourd'hui fort embarrassé sur la direction de son talent. Outre cette Madone, il a encore exposé une étude de femme nue, dont les formes sont loin d'être irréprochables. La tournure en est assez gracieuse, mais le dessin est faible. Les bras retroussés manquent d'élé-

gance et de précision dans les attaches.
Pour de pareils sujets, on est en droit
d'exiger le style et la beauté.

La beauté, l'élégance, la finesse et le
charme sont bien plus nécessaires encore
dans une composition poétique comme l'allégorie de *la Rosée*. Ce n'est pas nous qui
blâmerons M. Ziégler d'avoir entrepris d'exprimer par la peinture *la Rosée répandant
ses perles sur les fleurs*. L'art des grandes
époques a toujours trouvé dans les sujets
allégoriques ses plus sublimes inspirations.
Toute la mythologie et la plupart des sujets
chrétiens sont des symboles plus ou moins
directs. La Sainte Vierge, c'est l'incarnation
de la pureté. Le Christ, c'est l'incarnation
du dévouement. L'art ne vit presque que
d'analogie, et c'est même là le caractère es-
sentiel du génie poétique, de recéler sous
une forme réalisée des intentions abstraites
et un idéal impalpable. Les grandes créa-

tions des poëtes, qu'elles se traduisent par les vers, par les sons, par le .elief ou par la couleur, sont toujours l'imagination d'une pensée, c'est-à-dire la métaphore d'une pensée et d'une image.

L'Olympe antique, c'était l'assemblée des facultés humaines, de l'intelligence créatrice, de la sagesse, de la force, du courage, de la volupté, de la poésie, etc., sous les figures de Jupiter, de Minerve, d'Hercule, de Mars, de Vénus et d'Apollon ; et de même, les anciens avaient personnifié toutes les forces de la nature dans les divinités inférieures, dans les nymphes et les faunes, dans une infinité de créations allégoriques. L'art moderne a continué aussi ces poétiques abstractions. Qu'est-ce qu'Othello ? la jalousie. Qu'est-ce que Tartufe ? qu'est-ce que Don Quichotte ? Nous citions tout à l'heure *la Charité* d'André del Sarte. Albert Durer a fait la Mélancolie, Rubens, la Fécondité. Chaque peintre a son mystère de l'incarnation.

Il est vrai que ces types immortels sont ordinairement le symbole d'une faculté de l'âme, plutôt que le rapport d'un fait de l'ordre naturel, extérieur à l'homme, avec la forme humaine. Prud'hon, cependant, a bien peint le *Zéphyr*, qui semblerait appartenir à la musique plus qu'à la peinture. Pourquoi n'imaginerait-on pas la Rosée? Si l'on peut représenter le souffle de l'air dans le corps léger d'un enfant qui se balance entre les feuillages et qui ride la surface de l'eau, est-il plus difficile de représenter la rosée du ciel par la figure d'une fraîche jeune fille qui secoue sa chevelure sur le gazon?

M. Ziégler a sans doute pensé au gracieux peintre du *Zéphyr*; mais il n'a pas eu le bonheur de rencontrer comme Prud'hon la douce et vaporeuse harmonie d'une couleur suave et transparente. Les tons de chair de *la Rosée* sont pâteux et opaques, au lieu d'avoir le scintillement du diamant lumineux. Les formes de cette nymphe aérienne manquent de finesse et de légèreté. *La Rosée* devrait être en quelque sorte suspendue dans l'air et s'épandre mollement sur la terre fleurie. Le vert des feuillages est un peu âcre et rappelle le bocage de *l'Endymion*.

M. Gallait a aussi donné des noms substantifs, *Bonheur* et *Malheur*, à deux groupes de femmes avec un enfant. *Le Malheur* ressemble trop aux compositions sentimentales de M. Ary Scheffer; c'est le même type de tête et la même ordonnance. M. Ary Scheffer est un grand poëte; mais M. Gallait, qui est un bon peintre, ne perdrait rien à consulter ses propres impressions. Ses deux groupes ont, d'ailleurs, comme le portrait de M. Dubois, un succès mérité.

M. Charpentier a peint *la Misère*, une

belle jeune fille mélancolique et couverte
de haillons, au milieu d'une campagne d'hiver. Cette étude vigoureuse et d'une couleur originale montre une habileté de pratique dont l'auteur a déjà fait preuve dans
ses excellents portraits des années précédentes. M. Charpentier est de force à bros-
ser les plus grandes compositions; il a donc
exécuté cette année une *Adoration des ber-*
gers, avec de nombreuses figures de grandeur naturelle. Chaque morceau est enlevé
en maître. Les têtes, les bras, les draperies, les accessoires, pris isolément, sont
dignes des meilleurs ouvrages de notre école
contemporaine, mais l'ensemble n'a guère
d'effet; peut-être est-ce faute de quelque
artifice de lumière ou d'ombre, qui con-
centre en un point principal l'intérêt de la
scène. M. Charpentier a encore au Salon
une peinture remarquable par l'ampleur et
la liberté de l'exécution. Ses *Pâtres dans*

un paysage ont été reproduits par la lithographie.

Un ancien élève de l'école de Rome, M. Jourdy, a fait aussi sa Vierge à l'Enfant et son *Baptême du Christ*. Cela ne vaut pas le portrait de M. Viennet, par le même peintre. Il est vrai que le spirituel président de la Société des gens de lettres n'a pas la prétention d'une Vierge ni la gravité d'un Christ.

L'*Éducation de Jésus*, par M. Decaisne, plaît beaucoup aux femmes et sans doute aussi à M. de Lamartine, qui estimait *la Baigneuse* au-dessus de tous les tableaux du Salon de 1838. Les figures de M. Decaisne ont, en effet, de la grâce et un certain agrément ; mais le modelé en est faible, et l'exécution n'a pas l'accent et l'abondance qu'on pourrait attendre d'un compatriote de Rubens.

M. Saint-Evre a représenté *Jésus enfant discutant parmi les docteurs*. La composition est bien ordonnée. Il y a plusieurs rabbins noblement tournés, dans l'attitude de la méditation, et le petit Christ est fort inspiré. La scène est enveloppée d'un clair-obscur assez juste. C'est une peinture sage et méritante qui ne fait pas de bruit et qui gagnerait à être vue isolément, à l'écart de ces tableaux criards dont le Salon est tapissé.

M. Champmartin est toujours le même depuis quelques années. Si vous avez vu sa *Prédication de saint Jean*, vous connaissez son tableau intitulé : *Laissez venir à moi les petits enfants*. M. Champmartin était plus coloriste dans ses premiers ouvrages. Aujourd'hui, c'est une peinture laiteuse et molle qui coule, jaune et huileuse, sur la toile, comme du beurre fondant au soleil.

M. Wachsmut a plus de solidité. Son *Saint François-Xavier prêchant dans l'Inde* indique l'étude consciencieuse de la nature ; mais la lumière n'a pas l'éclat de l'Orient,

quoique M. Wachsmut ait vu le chaud soleil de l'Afrique.

M. Lécurieux a emprunté deux sujets à
la *Vie des Saints*, un *Martyre de saint Bé-
nigne* et un *Saint Bernard à Clairvaux*.
M. Mouchy a copié tout simplement dans
son *Saint François d'Assises* la figure principale des *Pères du désert*, de Boissieu.
M. Odier a fait aussi un *Saint François
d'Assises*, qui ne vaut pas son *Cuirassier*, du
Luxembourg; M. Achille Devéria, un *Ar-
change saint Michel;* M. Eugène Devéria et
M. Lépaulle une *Résurrection du Christ*. Il
n'y a pas de quoi devenir catholique, à voir
ces drôles de fantasmagories. Madame Ca-
lamatta cherche à traduire sérieusement
l'histoire sainte, dans son martyre d'*Eudore
et Cymodocée;* mais les têtes sont d'un vi-
lain type, et la panthère qui attaque Eudore
est grosse comme un chat. M. Stattler, de
Cracovie, a peint *les Machabées*, un grand

tableau très-admiré par ses compatriotes;
M. Léon Benouville, une *Esther;* M. Tissier,
une *Vierge;* madame Jeanron, une *sainte
Catherine;* M. Tassaert, un *Christ au jardin
des Oliviers.*

Le même sujet, traité par M. Chasseriau,
a produit un des bons tableaux dits religieux. Les grandes peintures de sa chapelle
ont fortifié le talent de M. Chasseriau. Sans
doute on pourrait critiquer l'incorrection
et la mollesse du dessin, la monotonie de
la couleur, l'enflure et la vacuité du style.
Les têtes ne sont guère *ensemble.* Les corps
n'ont point de réalité sous les draperies, et
se dressent ou s'étalent comme des fantômes creux. On en ferait presque autant avec
quelques nippes bien drapées. Mais encore
faudrait-il être un costumier habile et un
metteur en scène expérimenté.

Après toutes ces apparitions, ces extases,
ces miracles et ces martyres, finissons par

Saint-Jean, non pas le saint Jean de Path-
mos, mais le Saint-Jean de Lyon; non pas
saint Jean l'Apocalyptique, mais Saint-Jean
le réel; non pas le peintre mystique des
terribles tableaux de la fin du monde et des
vengeances divines, mais le peintre de ces
fruits substantiels qu'on prendrait avec la
main. M. Saint-Jean de Lyon a déjà exposé
plusieurs fois des fruits et des fleurs, et
personne ne le surpasse pour ces sortes de
peintures. M. Glaize, dans les légumes portés par la grande femme de la *sainte Elisa-
beth de Hongrie*, et M. Charpentier, dans le
panier de fruits offert par ses bergers en
adoration, ont seuls égalé l'abondance et
l'éclat de sa pratique. Il est malheureux
que M. Saint-Jean use un peu trop du jaune
de chrôme pour dorer ses raisins. Cette couleur, désagréable quand elle n'est pas rom-
pue par des tons voisins, a, de plus, l'in-
convénient de pousser au noir. Les beaux

fruits de M. Saint-Jean perdront ainsi, en peu de temps, leur transparence et leur finesse. L'exécution de M. Saint-Jean manque, d'ailleurs, de la légèreté admirable dans la touche du Jésuite d'Anvers, ou dans les esquisses de Van Huysum. Mais il faudrait peu de chose de plus, ou peut-être de moins, pour que ces *Fruits et Fleurs près d'un bas-relief* fussent aussi parfaits que les tableaux analogues des maîtres anciens.

VI.

Un jour, le diable faisant ses tournées, avisa, au coin d'un bois, un jeune artiste qui peignait d'après nature quelque morceau de paysage. Le diable, qui aime à tout voir, courut regarder la peinture par-dessus l'épaule du peintre ; et, comme il aime à tout dire, il lui dit dans l'oreille :

— Vous êtes amoureux.

— C'est vrai, répondit l'artiste ; mais à quoi voyez-vous que je suis amoureux ?

Sans être le diable du conte d'Hoffmann, on peut deviner, à considérer une peinture, même un paysage, quelles idées occupent le peintre, quelles passions l'agitent. Il y a quatre ou cinq ans, Théodore Rousseau eut le malheur de perdre sa mère bien-aimée. Pendant longtemps, ses paysages furent d'une incroyable tristesse. Il ne voyait que les retraites les plus sauvages et les plus désolées de Fontainebleau, ou les noirs aspects de la campagne d'Auvergne. J'ai sous les yeux un paysage de cette époque, un effet de soir et de tempête, à la lisière d'une forêt. Le terrain fauve et calciné est hérissé de ruines d'arbres, de troncs déchirés, de branches mortes et de feuilles sèches balayées par le vent, de pierres ferrugineuses, aux tons bruns, gris et bleuâtres, comme le reflet d'une vieille armure rouillée. Les arbres, découronnés et chauves, tombent en poussière; à peine ont-ils conservé quelques feuilles rousses comme les débris d'un incendie. Il n'y a point de ciel au-dessus de ces arbres. Une atmosphère lourde, sombre, impénétrable, pèse sur cette composition, qui a beaucoup d'analogie avec le *Roi des Aulnes*, de Schubert, sans que Rousseau y ait aucunement songé. On étouffe dans cette peinture. Point d'air, point de lumière. Seulement à l'horizon, tout le long de la ligne qui unit la terre au ciel, il y a une éclaircie blême, un choc de nuages phosphorescents, agités comme les vagues de la mer, et l'on aperçoit un petit cavalier qui se perd entre les arbres. Enveloppé d'un manteau couleur feuille-morte, et penché sur son cheval noir, il lutte contre la tempête et se hâte sans doute d'arriver à une chaumière, dont les éclairs illuminent le toit dans l'éloignement. Il ne manque, pour traduire tout à fait la ballade de Schubert, que le fils dans les bras du cavalier et le fantôme dans le nuage.

Il est vrai que Rousseau est, sans compa-

raison, le premier de nos paysagistes. Là
suprême qualité de sa peinture, c'est la qualité la plus rare dans tous les arts, c'est le
sentiment poétique. Parmi les anciens maîtres et les premiers dans chaque école, il
n'y en a pas qui aime plus la nature et qui
a comprenne mieux. Il n'y en a pas de plus
spiritualiste, en ce sens qu'il pénètre la vie
intime de la nature, qu'il tressaille à toutes
ses agitations et aux moindres mouvements
de sa physionomie. Un amant ne partage
pas plus vivement les impressions secrètes
de sa maîtresse. Rousseau partage en quelque sorte toutes les passions de la nature.
Il lit, pour ainsi dire, dans les yeux de la
nature. Il s'inquiète de la pâleur de la lumière, de la fièvre du vent, de la santé des
arbres. Il frissonne avec la tempête, ou il
resplendit avec le soleil. Personne n'exprime aussi parfaitement les caractères du
paysage; car il a le don de la couleur au

même degré que celui de la poésie. Grâce
à cette double puissance, il a peint les aspects les plus difficiles de la nature, l'orage
et la pluie, le printemps et l'automne, le
soir et même la nuit, le lever et le coucher
du soleil. Un seul peintre a fait un lever de
soleil supérieur au tableau de Rousseau ;
c'est George Sand, dans *la Nouvelle Lélia*.

Il faut être fou pour s'imaginer qu'on
peut copier le paysage. La belle théorie de
l'imitation de la nature est encore plus im-
puissante ici qu'ailleurs. Est-ce que vous
avez jamais vu pendant deux heures le même
effet dans le ciel ou sur la campagne ? La
physionomie de la nature est plus inces-
samment variable que la physionomie de
l'homme. La terre, emportée dans son tour-
billon éternel, prend toutes les couleurs et
toutes les formes, sous la caresse rapide de
la lumière. *La fortune et les flots* sont moins
changeants que le soleil. Il n'y a, dans le

paysage, que des expressions fugitives et
des effets capricieux, qu'on peut reproduire
au moyen de la mémoire visuelle et de l'invention poétique.

On connaît l'histoire de ce pauvre Delaberge, mort si jeune, à la poursuite d'un
dessein irréalisable. C'était un homme qui
parlait à merveille de son art, et qui avait
commencé par une peinture abondante et
vigoureuse. Par malheur, il se mit en tête
que le paysagiste devait étudier et rendre
consciencieusement le moindre détail de la
nature. Son premier essai de ce système
produisit un mouton et une vieille femme
scrupuleusement et petitement, patiemment
et péniblement rapetassés sur une petite
toile. Quoique le système fût absurde, le
talent et la volonté de l'artiste excitèrent
l'attention. Mais Delaberge n'était guère
content de son œuvre, et il résolut d'en-
treprendre, avec une nouvelle tenacité, quel-

que copie exacte d'un morceau de paysage.
Il choisit un petit buisson élégant, tapi
contre un pan de muraille. Alors, il dit adieu
à Paris et à ses amis; il loua une maisonnette à côté de son cher buisson, et il com-
mença son œuvre, pareille à l'œuvre des Da-
naïdes, comme vous allez le voir. Quand il
fallut esquisser les lignes générales, le vent
qui agitait les branches légères contrariait
déjà l'opiniâtre utopiste. Hélas! le matin, à
midi, le soir, notre buisson passait sans
cesse de l'ombre à la lumière, de la tristesse
à l'éclat, d'une demi-teinte à une autre. A
peine le peintre avait-il posé un ton sur sa
toile, que le ton du modèle était changé.
Hélas! chaque jour amenait de terribles ca-
taclysmes dans le petit monde que Delaberge contemplait sans cesse avec inquiétude. C'était une feuille que le vent cruel
détachait de la branche; c'était la poussière
de la muraille qui s'écoulait lentement, ou-

vrant des trous et des ombres entre les pierres ; c'était un insecte imperceptible qui ron-
geait un bourgeon avec une obstination
égale à celle du peintre ; c'était la branche
qui poussait et s'allongeait, sans s'inquiéter
des proportions déjà fixées. Quelquefois, il
trouvait sur son buisson une draperie d'argent brillante au lever du soleil : c'était la
toile d'une araignée laborieuse. Toute la
nature conjurait le changement. La rosée,
le vent, la pluie, le soleil, tout dérangeait
son microcosme. Quelle activité sans relâ-
che ! quelle mobilité ! quelle vie !

Et quand vint l'automne, comment con-
tinuer la peinture entamée par un aspect
d'été? Delaberge s'enveloppa dans son manteau pendant l'hiver, attendant avec stoï-
cisme le renouveau. Mais, l'année suivante,
le petit buisson ne ressemblait plus au buisson du printemps dernier. Il persista pourtant, le courageux artiste, pendant trois

années, à ce qu'on dit. Il y avait bien de quoi mourir.

Beaucoup de paysagistes en sont toujours à la théorie de l'imitation de la nature. Mais ils n'ont pas, heureusement pour leur santé, la persévérance et l'inquiétude de M. Delaberge. La recherche de l'art dans ces fausses conditions ne tuera pas M. J. Coignet et les prétendus réalistes, qui ont, du moins, la modération de la médiocrité. Il n'est donné qu'aux hommes d'un certain caractère de s'entêter dans ces ambitieux tourments. Quelques autres peintres naïfs et sans prétention reproduisent simplement la nature comme ils la voient, en dehors de toute poésie élevée, mais avec une vérité frappante pour tous les yeux. Tel est M. Flers dans ses modestes fermes et ses gras pâturages de la Normandie. M. Flers est flamand par cette qualité; mais il a moins de finesse que les maîtres flamands.

M. Troyon fait de bonne peinture franche et solide, dont le défaut est la pesanteur. Cependant, quelques parties de sa *Forêt de Fontainebleau,* les eaux et les herbes du premier plan, sont presque dignes de M. Jules Dupré, dont il suit souvent les procédés et la manière. Le paysage de M. Charles Leroux, *Site du haut Poitou,* est fermement peint, mais un peu trop dur d'exécution. Les arbres manquent de légèreté, et l'air ne circule point entre les branches. Les fonds ont plus de transparence et se mêlent bien avec le ciel.

C'est là le point difficile du paysage, d'harmoniser le ciel et la terre. Nous croyons que la plupart des paysagistes ont le tort de commencer toujours leurs tableaux par la charpente réelle du site qu'ils veulent reproduire, et de chercher ensuite à mettre le ciel d'accord avec les terrains et les arbres. Les restaurateurs habiles de vieille peinture savent combien il est difficile de retoucher un ciel, tandis qu'on rétablit heureusement les autres parties d'un tableau, si le ciel est intact. De même, dans un paysage composé par l'artiste, quand le ciel est fait, le reste du tableau est sauvé. Il suffit d'avoir le sentiment de l'harmonie et la patience du travail. Car l'effet produit sur la campagne résulte toujours de la lumière du ciel. Mais quelle difficulté dans ce passage de l'atmosphère profonde, vague et infinie, à la forme réelle et déterminée d'une image en plein air! Nous avons vu Rousseau, dont le talent est un des enseignements les plus curieux pour les artistes, s'acharner, dans une douzaine de tableaux consécutifs, à exprimer la juste harmonie de cet embrassement du ciel et de la terre, du soleil et de la nature, à la ligne extrême de l'horizon. Il n'y a jamais là de séparation précise et positive, de ligne mathématique et inflexible; car toute lumière dévore un peu les bords de l'image qu'elle éclaire.

Quelques peintres ont trouvé une manière fort simple mais très-radicale d'esquiver les difficultés de la lumière et de la couleur. Ils ont tout bonnement supprimé le soleil de leurs paysages. Le procédé est un peu leste. Aussi, la variété, le mouvement, le charme, la vie, ont déserté leur peinture avec le soleil. Presque toute l'école de M. Ingres, dans le paysage comme dans les autres genres de l'art, en est arrivée à ce triste sacrifice. M. Paul Flandrin se complaît depuis longtemps en cette obscurité. Il a le sentiment du style et quelquefois une certaine élégance; mais de lumière, point. Son paysage, audacieusement intitulé *chênes verts*, ne représente que des chênes gris et plats. Car c'est la lumière qui modèle les corps, outre qu'elle leur donne la couleur. Tous les tableaux de M. Flandrin se res—

semblent, les arbres étant comme les chats : la nuit, tous les arbres sont gris.

La qualité de la couleur est si essentielle en peinture, qu'on ne saurait être peintre qu'à la condition d'être, premièrement et avant tout, coloriste. Aucune autre qualité ne remplace celle-là. Quand on renonce d'abord à la lumière, il n'y a plus moyen d'être un praticien habile. M. Flandrin a bien prouvé son impuissance d'exécution dans le double portrait, n° 686, au milieu d'un de ses paysages stéréotypés. La figure de la femme surtout est d'une rare maladresse et absolument sans expression. Les mains jointes en raccourci n'ont aucune forme, la lumière manquant sur les divers plans de la chair. Le visage terne de l'homme n'est pas plus vivant, et ce groupe rappelle les images coloriées de la *bonne bière de mars*, collées à la porte des auberges ou à la vitre des cafés.

MM. Desgoffe, Achille Benouville et les autres pénitents gris, n'ont pas davantage à se louer de leur système. M. Benouville avait commencé la peinture dans un sens presque opposé; c'est la claustration de l'école de Rome qui l'a perdu. M. Desgoffe annonçait plus de force et plus de style dans ses premiers paysages. Son *Narcisse* qui se mire dans une mare incolore doit se trouver fort laid, si le *cristal de l'onde* est assez limpide pour lui renvoyer son image.

M. Aligny tient aussi, indirectement, à l'école des *secs,* comme on les appelle dans les ateliers. Mais M. Aligny est un maître consommé, quoiqu'il n'obtienne pas des résultats très-heureux. Les défauts qu'il a, il les garde bien gratuitement au milieu de qualités très-distinguées. Il a fait parfois des dessins du plus haut style et d'une noble élégance. Ses anciennes études de la campagne de Rome, avec de grands arbres et

quelques buffles revenant du travail, indi-
quaient le même sentiment calme et poétique qu'on admire dans le talent de Léopold
Robert. C'est ainsi sans doute que le peintre des *Pêcheurs* eût traduit la nature, s'il eût
été paysagiste. M. Aligny cherche surtout
la grandeur dans la simplicité. Mais il ne
trouve le plus souvent dans sa peinture que la raideur et la monotonie. Il cherche encore l'éclat de la lumière et la finesse
du clair-obscur. Il est vrai que ses demi-
teintes ont de la transparence, mais sa lumière est trop méthodiquement étendue et
n'a point le scintillement mobile du soleil.
Sa palette est très-rétrécie; il borne les ressources infinies de la couleur à quelques tons
qu'il a, du moins, le mérite de combiner
assez harmonieusement. Le meilleur de ses
tableaux nous paraît être la *Vue de l'acro-
pole d'Athènes,* prise de l'ancienne tribune
aux harangues. On remarque, au premier

plan, trois figures dans l'ombre, une femme et deux petits enfants.

Un jeune paysagiste, M. Gourlier, procède en même temps de M. Aligny et de M. Corot. Il aspire au paysage poétique. Sa *Naissance de Bacchus* est un tableau d'une belle ordonnance. Au milieu d'un collier de grands arbres entrelacés, le groupe mythologique s'éclaire comme les figures d'un médaillon au centre d'une guirlande de fleurs, peinte par Zeghers ou Van Kessel. L'effet général invite à oublier l'inexpérience de l'exécution dans les détails, et les tons crus des herbes et du terrain.

M. Thierry, au contraire, a fait un paysage d'une adresse extraordinaire, et d'une finesse harmonieuse qui rappelle Wynants. Il y a encore plusieurs jeunes peintres qui mériteraient d'être cités, par exemple, M. Toudouze, M. Castan, M. Grésy, M. Duvieux, l'auteur d'un *Effet de soir*, très-juste de ton, avec de petites figures bien tournées dans le goût de Salvator; M. Hédouin, qui paraît avoir peint ses *Bûcherons Ossalois* dans les Basses-Pyrénées, en compagnie de M. Leleux; M. Montfort, dont la *Vue de Nazareth* peut être prise pour un Marilhat; et M. Elmerick, l'auteur d'un tableau très-lumineux, représentant *les Vendanges en Bourgogne.*

M. Joyant continue ses *Vues de Venise,* sous l'inspiration du Canaletti; M. Adrien Guignet s'inspire à la fois de Salvator et de M. Decamps. Sa *Mêlée,* ses *Brigands,* et surtout son grand dessin n° 1976, ont de fortes qualités d'exécution et une vigoureuse couleur. M. Jadin a pris le monopole des chasses, et il s'en tire à la satisfaction des sportmen, heureux de retrouver là le souvenir de leurs aventures et les portraits de leurs chiens favoris. Les *Chasses* de M. Jadin sont entendues comme des tableaux de décoration, à grand spectacle, et d'un effet divertissant. L'allure des animaux est vivement saisie. Oudry n'était pas plus fort sur le sanglier.

Les deux paysages de M. Français sont en première ligne au Salon, avec ceux de M. Marilhat, de M. Corot, de M. Leleux et de M. Diaz. Il y a quelques années, M. Français débuta par un grand tableau, intitulé *les Sorcières de Macbeth*. C'était une nature sauvage et fantastique, étudiée dans les gorges d'Apremont. Les figures avaient été peintes par M. Baron, l'auteur d'un excellent *Episode de la vie du Giorgione* à l'exposition actuelle. M. Français a beaucoup d'invention et de fantaisie et un véritable sentiment poétique. Outre ses tableaux peints, il a prodigué avec succès ses compositions de paysage dans une foule de gracieux dessins pour les livres illustrés.

L'Automne est une étude mélancolique d'une allée de la forêt de Fontainebleau. Des

arbres élégants, aux feuilles rares et jau-
nies, un ciel gris perle, des terrains nus,
quelques bûcherons récoltant des branches
mortes, voilà le tableau. Le caractère de
l'automne est si bien rendu, l'harmonie est
si juste, la touche si légère, qu'on se tient
pour satisfait. C'est une chose complète en
ce qu'elle est.

Le second paysage de M. Français est
très-original et très-pittoresque. Sur une
hauteur des bois touffus de Meudon, deux
personnages sont assis à l'ombre d'un chêne.
M. Français est amoureux ; rien n'est plus
sûr. La jeune femme tient un papier, une
lettre peut-être, ou quelque croquis d'après
nature. Le grand garçon qui est étendu près
d'elle la regarde paresseusement. Il fait bon
sous ces arbres qui ne laissent passer du soleil qu'une guipure d'or, balancée sur le gazon. Et puis, quelle vue immense à travers
les colonnes et les arcades du bois : toute la

plaine de Paris baignée de lumière et perdue dans le bleu argentin du ciel! Le lieu est bien choisi. Cette nature gaie, voluptueuse, pleine de caprice, ressemble à l'art mauresque. On se croirait dans une galerie de l'Alhambra. M. Français, le diable verrait bien que vous êtes amoureux !

Quels autres paysages citerons-nous après cette charmante peinture? On dit que nous avons oublié bien des noms dans cet examen rapide. On nous a parlé encore d'une foule de tableaux que nous n'avons pas su rencontrer au Salon, ou qui se sont égarés sous notre plume. Pourquoi n'avoir rien dit du portrait de la femme et de la fille de M. Léon Gozlan, par M. Verdier; des portraits, par M. Pichon, par M. Laby, par M. Berty; des paysages de M⁻ᵉ Empis; des excellentes eaux-fortes, de M. Eugène Bléry et de M. Louis Leroy; des fins portraits de femme, au pastel, par M. Vidal, etc. Pourquoi?

VII.

La plupart des sculpteurs ont grand tort
de chercher presque uniquement leurs modèles dans le passé. L'âge d'or est devant
nous, comme disait Saint–Simon. Cependant, tandis que les peintres étudient surtout la réalité, les sculpteurs étudient surtout la tradition. Méthode incomplète et
stérile. C'est en eux-mêmes, dans le sentiment de la vie immortelle, que les artistes
devraient trouver l'inspiration, après avoir
toutefois contemplé l'histoire et la nature.
Car étudier, c'est comprendre et interpréter.

Les trois éléments essentiels de l'art,
comme de la philosophie, de la science et de
toute création intellectuelle, sont, après
Dieu, le monde extérieur, l'humanité et
l'homme lui-même. La nature et la tradition
doivent s'unir dans le cœur de l'artiste
par un mariage mystérieux qui produit
un enfantement. C'est la loi de toute génération spirituelle, aussi bien que de la
génération naturelle.

Cet élément principal de toute poésie,
l'élément vivant du génie individuel, qui se
traduit par l'interprétation originale de la nature et de l'histoire, est pourtant le plus né-
gligé dans notre école contemporaine. C'est
la spontanéité et l'invention qui manquent
surtout à nos artistes. L'habileté manuelle,
l'adresse et un certain talent de pratique
sont très-notables chez les sculpteurs, plus
encore que chez les peintres. Mais, faute de
la poésie intérieure, ils ne fabriquent guère

que des œuvres banales et communes, sans caractère et sans beauté.

Où sont le caractère et la beauté de la sculpture antique? dans l'expression de l'idéal que les artistes sentaient en leur propre cœur. La pensée antique était si nette, si bien définie, qu'elle s'incarnait dans la forme avec une rare perfection. Mais, encore une fois, le sentiment du monde moderne est à l'antipode de l'antiquité. Nos idées et nos systèmes, notre civilisation, ayant changé, la faculté poétique, cette *seconde vue* qui est la plus perspicace et la plus lucide, ne saurait envisager la vie comme l'envisageaient les Grecs, et la forme doit changer avec l'idée.

Par exemple, il y a un sentiment qui est au fond de tous nos arts modernes, qui inspire la poésie, le roman, le drame, la musique; c'est l'amour. Eh bien! considérons de nouveau l'amour dans la société grecque et dans la mythologie : Jupiter, qui est sans doute le type de la perfection et le suprême modèle de l'homme antique, quand il veut séduire les femmes, est-ce qu'il prend la forme humaine? Il se fait cygne pour Léda, pluie d'or pour Danaé, taureau pour Pasiphaé; c'est-à-dire que la beauté, l'or ou la force, en dehors de toutes qualités spirituelles, sont des charmes irrésistibles auprès de la femme. Et lorsqu'en vertu de la morale formulée par Plutarque sur les ruines de la société païenne, le père des dieux et des hommes veut installer Ganymède au ciel, il le ravit dans les serres d'un aigle. C'est le courage qui attaque l'homme, de même que la corruption, la force ou la beauté attaquent la femme.

Le principe de la poésie antique, comme inspiration de la poésie moderne, nous paraît condamné par cette seule remarque, qui peut être étendue à tous les sentiments du

passé. Ce ne serait pas la peine de vivre, si
le Temps n'opérait pas une métempsycose
féconde qui élève sans cesse le monde vers
un perfectionnement indéfini. L'antiquité
fataliste mettait une faux dans la main du
vieux Saturne, malgré ce vers du poëte :
Omnia mutantur, nil interit. L'allégorie moderne devrait remplacer la faux par un
flambeau.

Le monde physique lui-même proteste
contre l'imitation plastique de l'art grec ou
romain. La forme humaine s'est modifiée
sensiblement depuis le paganisme, et paral-
lèlement aux révolutions de l'esprit. C'est
la phrénologie surtout, qui, en étudiant la
conformation de la tête, a signalé ces diffé-
rences singulières. Lorsque à la fin du dix-
huitième siècle, Winkelmann, ce grand ré-
surrectionniste des fossiles de marbre, ce
Cuvier de l'art, a donné, avec son fanatisme
ingénieux, les formules de la statuaire anti-

que et la règle des proportions de la figure grecque : le front, a-t-il dit, pour être beau, doit être court. Après quoi, il injurie le Bernin et les autres sculpteurs, ces *corrupteurs de l'art*, qui ont élevé les fronts dans la statuaire moderne. Il est certain que la moyenne de la hauteur de la tête au-dessus de la ligne des yeux n'était, chez les Grecs, que d'une fois et demie la longueur du nez, tandis qu'aujourd'hui une tête bien conformée a deux fois cette longueur, c'est-à-dire que la ligne horizontale des yeux partage la tête en deux. Et toutes les autres proportions de la statuaire grecque étaient en harmonie avec la tête. Ainsi, l'Apollon du Belvédère a, au moins, douze têtes en hauteur.

C'est chez les Vénus surtout que la tête est petite. La femme grecque n'a pas besoin de tête. Il suffit que ses flancs magnifiques soient portés sur les belles colonnes de ses cuisses arrondies. Les Vénus ne vivraient pas avec si peu de cerveau, ou elles seraient condamnées à l'idiotisme. La Vénus de Milo, ce chef-d'œuvre incomparable, cette perfection de beauté, la plus idéale des statues grecques, et qui est dans la statuaire comme le poëme de Virgile, au seuil du christianisme, la Vénus de Milo a la tête grosse comme le bras. C'est encore la volupté, mais une volupté plus chaste et plus rêveuse, qui tend à se spiritualiser.

Rien n'est plus curieux que l'étude phrénologique de la transformation de la tête humaine depuis la période grecque. Chez les Grecs, ce qui prédomine, c'est la belle architecture des sourcils et des parties inférieures du front où siégent les facultés artistes, comme la forme, la couleur, la musique, l'amour de la nature, le sens des faits, la perception des détails, les impressions du monde extérieur et l'imagination. Ces qualités sont communes à tous les types que l'art grec nous a transmis. Deux têtes seulement s'écartent de cette forme naturelle et consacrée, celles de Platon et de Socrate, le christ grec !

Chez les Romains, destinés à l'action et à la conquête, peuple dominateur et politique, la tête s'élargit latéralement. Le type romain a deux montagnes au-dessus des oreilles : c'est le groupe de la Destruction, du Courage et de la Prudence. L'aigle grec s'est transformé en lion. La tête romaine, si démesurément large, est plate au sommet; cependant la partie supérieure du front, organe des facultés réflectives, s'avance et domine les arcs des sourcils. Ajoutez l'immense développement de la partie postérieure du crâne et de la nuque. Voilà tout le caractère romain. Épanouissement des instincts sensuels, puissance d'action, aptitude politique, mais point d'art original et point de Dieu.

On lit dans Suétone, que Caligula eut le caprice de faire décapiter les statues les plus célèbres de la Grèce transportées à Rome, et de remplacer les têtes grecques par la tête de ses propres statues. Tandis que la tête romaine pesait ainsi sur les épaules de l'ancien monde, une nouvelle puissance s'incarnait dans une forme nouvelle. Jésus, ce César pacifique, devait décapiter à son tour le colosse romain. La tête du Christ ne ressemble plus à la tête antique : les tempes sont rétrécies, et le vertex s'élève vers le ciel. C'est le signe de la Religiosité, noble couronnement au cerveau de l'homme. Le christianisme a comblé le sillon profond qu'on remarque sur les têtes des Césars romains ; et autour du sentiment religieux, s'exaltent les sentiments de la Justice et de la Charité universelle. C'est ce qui distingue essentiellement les deux types. La forme humaine s'est renouvelée avec la civilisation.

Si le fond des sentiments et la forme plastique ont changé, comment pourrait-on donc copier une société fossile?

Et de même, il en faut dire autant aux imitateurs du Moyen Age. La Renaissance et la Philosophie moderne ont transformé le monde catholique et féodal. Les Christs de Michel-Ange et les Vierges de Raphaël ne sont plus les types consacrés des premiers temps. L'humanité infatigable n'a pas plus consenti à s'immobiliser dans le christianisme mystique que dans le sensualisme païen. L'histoire n'est qu'une procession aventureuse et opiniâtre, qui marche sans repos vers des horizons inconnus, tournant parfois la tête vers ce qui n'est plus qu'un souvenir, mais éternellement amoureuse de ce qui n'est encore qu'une espérance.

Il n'y a donc qu'une manière fructueuse

d'emprunter à la tradition : c'est de voir ce que nos prédécesseurs ont fait dans le sentiment et dans la forme de leur temps, de pénétrer leurs systèmes d'interprétation, et d'interpréter soi-même à son tour, avec une inspiration vivante et complétement originale.

La Renaissance du seizième siècle a pratiqué cette méthode avec un instinct merveilleux. Il semble que toutes les qualités des arts antérieurs soient résumées dans les œuvres des grands artistes de l'Italie et de la France ; car la France, en sculpture du moins, peut rivaliser avec l'Italie au seizième siècle. Jean Cousin, Jean Goujon, Pierre Bontems, Germain Pilon et tous ces ouvriers sublimes qui travaillèrent avec eux dans les palais et les monuments publics, ne relèvent directement d'aucune époque et d'aucune école : ils ont l'élégance et la beauté de l'antique, la force et le mouvement de Michel-Ange, l'abondance et la fantaisie de l'art mauresque, et quelquefois le sentiment et l'expression de l'art catholique. Nos sculpteurs ont toujours été bien plus forts que nos peintres. Que possède-t-on aujourd'hui de notre école indigène de peinture au seizième siècle ? Un tableau de Cousin et quelques portraits de Janet ; le reste revient aux Italiens appelés en France, comme le Primatice ou le Rosso, lesquels, à la vérité, furent secondés dignement par des artistes formés à leur génie. Mais de la sculpture française à la Renaissance, nous avons Fontainebleau, Chambord, Chenonceaux, Blois, Soleismè, l'école des Beaux-Arts, quelques parties du Louvre, et combien de châteaux, et combien de statues réunies au Musée de sculpture moderne, et combien d'arabesques, de médaillons et de caprices de toute sorte, disséminés partout ! Et après les illustres fondateurs de notre école renouvelée, c'est Barthélemy Prieur, Gentil de Troyes, Francheville, Jacques Sarrazin, les Anguier, et combien d'autres! jusqu'au Puget. Voilà un génie qui est français et qui n'imite personne; à ce point que le Puget est, pour ainsi dire, excentrique dans notre tradition. Il domine toute la sculpture du grand siècle, les Girardon, les Desjardin, comme Michel-Ange domine l'école florentine.

Après Puget, il y a, au dix-huitième siècle, une charmante branche de l'école française : c'est la famille des Coustou et leurs élèves, supérieurs encore aux peintres leurs contemporains, si ce n'est à Watteau.

Depuis l'école des Coustou, les grands sculpteurs, mais non pas les praticiens habiles, sont rares en France. Il faut citer Caffieri, l'auteur des bustes de Rotrou et des Corneille à la Comédie-Française, et Houdon, l'auteur de la statue de Voltaire.

Les sculpteurs de l'Empire n'ont pas su laisser seulement un buste de Napoléon; c'est David, le peintre de la Révolution, qui, à leur défaut, a fait la statue équestre de l'Empereur, dans le fameux portrait peint en relief sur les Alpes.

M. David, le sculpteur, a essayé avec éclat la régénération de notre école; c'est lui qui a le plus produit depuis vingt ans; il a envoyé ses œuvres partout, dans les villes de France et dans les villes des autres États; il a le mérite de chercher la pensée en même temps que le grand style, et son exécution est tout à fait magistrale. M. Barye a restitué dans la sculpture un élément complétement oublié depuis quelques générations d'artistes, l'élément de la fantaisie, de la finesse et de la vivacité. M. Barye est un homme du siècle de Benvenuto. Plusieurs autres artistes, comme MM. Antonin Moyne, Pradier, Préault, Foyatier, Duseigneur,

Maindron, etc., ont contribué, chacun avec des qualités différentes, à raviver la sculpture française. Aujourd'hui l'école est très-habile, et le Salon a popularisé quelques jeunes talents.

M. Bonassieux, ancien élève de l'école de Rome, a exposé trois marbres, qui le placent dans les premiers rangs. Son *buste de madame de C.* est un chef-d'œuvre : le dessin des traits est irréprochable ; la physionomie a beaucoup de caractère et de pensée ; les cheveux crépés se séparent en bandeaux et s'attachent derrière le col ; la ligne du col et des épaules est très-élégante et très-fine. M. Bonassieux a trouvé la simplicité et la beauté. Sa manière rappelle un peu la manière sobre et précise de M. Bosio, dans quelques bustes des précédents Salons; mais les bustes de M. Bosio, savamment et fermement modelés, ont toujours manqué de caractère et d'élévation. Je ne sais pas quelles critiques on pourrait faire de ce noble portrait; il a autant de distinction et de charme que de pureté et de correction. M. Bonassieux a obtenu un résultat difficile, qui est de satisfaire à la fois les gens du monde et les gens du métier.

Sa *Tête d'étude* est l'image d'une vierge voilée et baissant les yeux. C'est de l'art très-simple et très-fort, qui annonce beaucoup de sentiment et beaucoup de science.

Le *David balançant sa fronde* présente dans la pose quelque réminiscence de l'Apollon du Belvédère; les jambes sont alignées de la même façon, mais les extrémités sont un peu fortes et lourdes. C'est le seul reproche que mérite cette figure très-hardiment tournée et d'un grand style. Personne, aujourd'hui, parmi nos sculpteurs, ne saurait faire mieux.

Nous avons déjà vu au Salon de 1839 le plâtre de la *Velléda*, de M. Maindron, exé-

cutée en marbre pour le jardin du Luxembourg. Le marbre nous paraît reproduire
exactement le modèle en plâtre, mais il
montre de vigoureuses qualités d'exécution.
Le travail du marbre est tout autre chose
que le modelage; il exige une certitude et
une précision sans défaut. M. Maindron
avait déjà attaqué la pierre et le bronze avec
une supériorité incontestable. Ce nouvel
ouvrage augmentera encore sa réputation.

Les meilleures statues, après le *David* et
la *Velléda*, sont la *Madeleine*, de M. Gechter,
et le *Viala*, de M. Meunier. Nous félicitons
M. Meunier d'avoir emprunté son sujet à
nos souvenirs patriotiques. Sa sculpture a
du mouvement et de l'énergie. M. Meunier,
qui n'a pas vingt ans, a surpassé la plupart
de nos artistes les plus exercés.

Le *Baptistère*, exécuté en marbre par
M. Jouffroy, d'après le dessin de Mᵐᵉ de Lamartine, est fort admiré. Ce sont trois en-

fants qui unissent leurs petites mains pour
porter la croix.

M. Rinaldi, de Rome, a exposé une *Ré-
becca*, dont les draperies sont simples et
d'un style sévère; M. Bartolini, de Flo-
rence, un buste assez correct de la comtesse
d'A.; M. Geefs, de Bruxelles, une *Gene-
viève de Brabant*, dont la pose est copiée
sur la *Madeleine* de Canova, et dont l'exécution est faible et molle; M. Dubray, un
petit *Joueur de trottola*, copié sur le *Dan-
seur napolitain*, de M. Duret; M. Gayrard,
de l'Institut, une statue de l'*Évêque d'Her-
mopolis*, copiée sur les statues tumulaires
du Moyen Age; M. Foyatier, une statue
d'Étienne Pasquier, inférieure à ses précédents ouvrages; son buste de Mᵐᵉ F. vaut
beaucoup mieux; M. Brian, un buste très-
mesquin de la belle tête de M. de Lamartine;
M. Dantan aîné, deux grandes statues insi-
gnifiantes, pour le Musée de Versailles;

M. Dantan jeune, une statue et deux bustes ;
M. Desbœufs, le buste de M. Jacqueminot ;
Mme Dubufe, le buste de M. Paul Delaroche ;
M. Etex, un buste ampoulé de M. Odilon
Barrot ; M. Guillot, deux bustes ; M. Gar-
raud, la statue de Laplace, pour l'Observa-
toire ; M. Husson, un *Christ* peu catholique ;
M. Rocher, un saint Évêque ; M. Suc, de
Nantes, la *Mélancolie* ; M. Droz, la statue
en pierre de Mathieu Molé, pour l'Hôtel-de-
Ville, avec ce spirituel calembour inscrit en
toutes lettres dans le livret officiel : « *Stat
Molé immotus.*

La statue en marbre du duc d'Orléans,
destinée à la Chambre des pairs, est de
M. Jaley. M. Jaley, comme M. Winterhalter, a grandi démesurément son modèle. Il
n'y a point de Grec antique, fût-ce l'Apollon
du Belvédère, pour avoir une si petite tête
sur un si long corps. N'est-ce point M. Jaley
qui a déjà fait pour la Chambre des députés

un Bailly, effilé comme une asperge d'hiver? Nous conseillons à Tom Pouce, le nain
favori de la reine Vittoria, et le singe de
Napoléon, de poser pour sa statue devant
M. Jaley, qui ne manquera pas de lui
donner au moins la taille d'un voltigeur de
l'Empire.

M. le baron Bosio, de l'Institut, a enfin
terminé l'*Histoire et les Arts consacrant les
gloires de la France.* Ce groupe colossal, en
marbre, remplaçait, dans une niche, je ne sais
quel groupe innocent de l'ancienne école
académique. L'œuvre de M. Bosio ne lais-
sera pas beaucoup plus de souvenir, quoiqu'il y ait des parties très-finement exécu-
tées. Cette grande figure allégorique, avec
le casque de rigueur et la lance à la main,
est entourée de trois ou quatre figures accessoires; c'est apparemment l'*Histoire-
bataille,* comme dirait M. Alexis Monteil.

Mais voici le morceau capital du Salon,

par la grosseur et le ridicule, un personnage
monstrueux et tout nu, étendu horizontale-
ment en équilibre sur une pointe de rocher, et
qui détire ses abominables membres comme
au sortir d'un cauchemar. La vieille sculpture n'a jamais rien fait de plus indécent et
de plus stupide, si ce n'est le *Prométhée* des
Tuileries. Le géant du Salon s'appelle *En-
celade foudroyé par Jupiter*. Qui nous déli-
vrera des géants mythologiques?

L'Architecture s'est tournée vers les pro-
jets utiles et réalisables. M. Badenier a exposé des études sur la réunion du Louvre
aux Tuileries; M. Berthelin, le dessin
d'une fontaine à élever place Belle-Chasse;
M. Amédée Couder, un projet de décoration pour l'intérieur de Notre-Dame; M. Du-
puy, un plan d'hôpital pour sept cents ma-
lades; M. Garnaud, un projet de cathédrale;
M. Lacroix, le projet d'une mairie pour le
onzième arrondissement sur la place Saint-

Sulpice; M. Renaud, la façade d'une maison parisienne; et M. Magne, le plan d'un palais de l'industrie et des arts. Puisse ce palais, depuis si longtemps réclamé par toute la presse, ne pas rester toujours en projet sur le papier!

FIN.

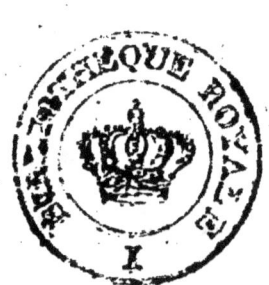

www.ingramcontent.com/pod-product-compliance
Lightning Source LLC
Chambersburg PA
CBHW071538220526
45469CB00003B/828